D1728060

De auteurs

Prof. Dr. Ir. Gerrit Broekstra houdt zich na vakmatige fasen als natuurkundige en bedrijfskundige, nu met emeritaat zijnde, bezig met de verbinding van deze vakken met spiritualiteit. Hij was hoogleraar aan de Erasmus Universiteit te Rotterdam, Northwestern University in Chicago en Nyenrode Business Universiteit.

Dr. Paul de Blot SJ studeerde in Indonesië natuurkunde, filosofie en politicologie en Indonesische staatsfilosofie, in Duitsland natuurkunde en in Nederland cultuurfilosofie, spiritualiteit en psychologie en theologie. Hij promoveerde aan de Nyenrode Business Universiteit met zijn proefschrift *Vernieuwing van organisaties in een chaotische omgeving door vernieuwing van de mens.*
Vanaf 1979 is De Blot verbonden aan de Nyenrode Business Universiteit als campusmoderator, docent in interculturele communicatie en culturele aspecten van organisatie.
Paul de Blot is auteur van *Export marketing, psychologie en culturele valkuilen.*

Dr. Ruud Heijblom is directeur van het adviesbureau Marketing Koers (www.marketingkoers.nl) dat gespecialiseerd is in het ontwikkelen van de strategische richting voor bedrijven. Hij is verbonden aan de Universiteit van Bloemfontein (Zuid-Afrika) en diverse andere Business

Schools, waar hij in internationaal verband strategie, marketing, international business, innovatie, decisionmaking, creativiteit en intuïtie, corporate leadership en business transformation doceert. Zijn visie op management komt tot uiting in zijn managementboeken en in een regelmatige stroom van artikelen in de (internationale) pers. Hij is mede-oprichter van de School of Luck in Management (www.schoolofluck.nl) met innovatieve cursussen ter bevordering van 'Luck' in management en entrepreneurship. Daarnaast is hij een expert op het gebied van klank (schalen) en trilling.(www.dankvoorklank.nl). Dit brengt altijd het onverwachte, zoals Management met Synchroniciteit.

JAN BOMMEREZ studeerde bedrijfseconomie in Leuven. Hij is een veelgevraagd spreker voor hogescholen, universiteiten en beroepsverenigingen. Sinds 1978 is hij actief als professioneel trainer en consultant en trainde duizenden verkopers, managers en ondernemers en is bekend om zijn inspirerende lezingen over het menselijk potentieel.
Jan Bommerez is medeauteur van *Kun je een rups leren vliegen* en *Flow en de kunst van het zakendoen*.

KEES VAN ZIJTVELD heeft diverse bedrijven opgezet en franchiseformules ontwikkeld. In 1987 richtte hij Nieuwe Dimensies op. Sindsdien heeft hij duizenden professionals in binnen- en buitenland getraind. Hij is bekend als creatief en innovatief begeleider van veranderingsprocessen voor mens en organisatie. Voor lezingen en kick-offs is hij een inspirerende enter-trainer.
Kees van Zijtveld is medeauteur van *Kun je een rups leren vliegen* en *Flow en de kunst van het zakendoen*.

DE BRUG NAAR

Business
Spiritualiteit

*Radicale vernieuwing
begint bij de wortels*

DE BRUG NAAR
Business Spiritualiteit

Radicale vernieuwing begint bij de wortels

Gerrit Broekstra,
Paul de Blot SJ,
Ruud Heijblom,
Jan Bommerez &
Kees van Zijtveld

Uitgeverij Nieuwe Dimensies

NYENRODE
BUSINESS UNIVERSITEIT

Vormgeving: Wim ten Brinke BNO, Hilversum
Redactie: Janny ter Meer (www.hetstijlmeer.nl), Overveen

ISBN: 90 77341 25 0 / 978 9077341 25 4
NUR: 728 / 801

Uitgeverij Nieuwe Dimensies
Wakkerendijk 62a, 3755 DD EEMNES
T 035 5383538
E uitgeverij@nieuwedimensies.nl
W http://uitgeverij.nieuwedimensies.nl

Inhoud

Woord vooraf

Het is altijd mijn doel geweest het spiritueel kapitaal in de wereld uit te breiden. Het helpen initiëren van de leerstoel Businessspiritualiteit aan Nyenrode Business Universiteit en het in de wereld brengen van dit boek passen perfect in dit streven.

Om een diep verlangen tot realiteit te brengen is het nodig vanuit de hoogste motivatie te handelen. Op zichzelf vereist dat al een transformatie van een *human doing* naar een *human being*. Mijn verlangen een nieuwe betekenis te geven aan businessspiritualiteit en die te delen met de wereld ontstaat vanuit die zijnskwaliteit.

De concepten die de vijf auteurs in dit boek leveren, zijn in wezen allemaal een manier om naar praktische spiritualiteit te kijken, ze bieden alle vijf een manier om die spiritualiteit in onze organisatie te implementeren. Spiritualiteit is namelijk niets zweverigs. Ze houdt vooral in dat we de spirituele intelligentie ontwikkelen die in ons allen aanwezig is en die we slechts wakker hoeven te maken. We hoeven ons alleen maar te herinneren wat wij eigenlijk al weten. Daarom heet het ook 'her-inneren' en niet 'her-uiteren'.

De maatschappij, scholen, universiteiten, et cetera trainen ons vooral in IQ-patronen, in werkpatronen die vaak alle spiritualiteit doden, in een cultuur die vrijwel alle spiritualiteit afwijst en met een educatief systeem waar spirituele intelligentie volkomen uit verdwenen is. Toch bevredigt dat niet. We hebben bijna alles wat we willen, en toch vervult het ons niet. Daarom gaan we op zoek naar iets anders, iets mooiers, iets groters dat wel vervult. Het is niet voor niets dat er steeds meer belangstelling komt voor de EQ, de emotionele intelligentie. Langzaam maar zeker wordt geaccepteerd dat EQ zinvol is en vervullend. En in ieder geval is het meer vervullend onze EQ te ontwikkelen dan alleen onze IQ. Emotionele intelligentie kunnen we leren, onderhouden en verbeteren. EQ helpt ons de relatie met anderen en vooral de relatie met onszelf te verbeteren.

In feite geldt hetzelfde voor SQ, spirituele intelligentie. Deze vorm van intelligentie is nog diepgaander, dringt door tot in de wortels van ons bestaan. De kern van spirituele intelligentie is het ontwikkelen van meer zijnskracht, wat uiteraard ook inhoudt dat we die kwaliteit op ons werk inzetten. Wanneer we onze SQ ontwikkelen, ontdekken we wie we echt zijn. We zien in hoe we onze spirit, onze geestkracht, ontwikkelen, we zien waar onze moed ergens voor te staan vandaan komt. We werken meer vanuit inspiratie en compassie en vertonen dienend leiderschap. Met dienend leiderschap bedoel ik leiderschap waarbij we iets dienen dat groter is dan wijzelf.

Businessspiritualiteit helpt een doorbraak tot stand te brengen in organisatiestructuren die als in beton gegoten lijken. De bijdragen in dit boek bieden alle een alternatieve visie, een andere manier om naar organisaties te kijken. Het zijn holistische visies, ze tonen ons hoe we het geheel effectiever kunnen dienen, hoe zelforganiserende systemen zich in organisaties kunnen manifesteren vanuit het potentieel. De auteurs laten ons zien hoe systemen zich zo kunnen ontwikkelen dat mensen gaan samenwerken, waardoor het effect groter is dan de som van de delen.

Systemen hebben van nature geen interne muren of grenzen en geen herkenbare afzonderlijke delen. Elk deel van een systeem is met de andere delen verbonden, reageert erop en beïnvloedt ze. Als dat gegeven zich op een holistische wijze in de werkomgeving kan manifesteren, doordat ideeën en concepten uit dit boek worden toegepast, dan is de missie van dit boek geslaagd en zijn de bijdragen waardevol geweest.

Ik wens je veel leesplezier, laat de inhoud van dit boek in je hart binnenkomen. Weet dat spirituele kennis zich vermenigvuldigt als je het toepast. Anders gezegd, jouw dienstbaarheid begint als je het boek uit hebt. En als je ook maar één idee gaat toepassen, verschuift uiteindelijk alles en heeft het effect.

Namaste: Kees van Zijtveld

Spiritualiteit in vernieuwingsmanagement

Het verschil tussen vernieuwen en veranderen

Vernieuwen is niet hetzelfde als veranderen. Veranderen is aards, vernieuwen heeft iets spiritueels. Vernieuwing impliceert verandering, totale verandering zelfs. Verandering daarentegen impliceert geen vernieuwing. Bij een verandering wordt de uiterlijke verschijningsvorm of gedaante van een object gewijzigd. Verandering heeft betrekking op het object, het is object refererend. Bij een verandering worden bepaalde kwaliteiten van een object, zoals de verpakking of samenstelling van een product, gewijzigd, maar de essentie wordt niet aangetast. Het product blijft in wezen hetzelfde. Denk aan auto's. Ze veranderen elk jaar – in hun vorm, in de toepassing van elektronica – maar het blijven auto's, met vier wielen, een verbrandingsmotor, enzovoort. Hun wezen verandert niet.

Evenzo kan een organisatiestructuur, voor de zoveelste keer, veranderen zonder daarbij de marktstrategie en cultuur aan te tasten. Veranderingen blijven aan de oppervlakte.

Vernieuwen daarentegen raakt aan de kern of de essentie van een object. Vernieuwingen gaan de diepte in, heffen een onderliggende orde, een identiteit of zelf op, en creëren een nieuwe orde. Vernieuwing heeft betrekking op het zelf, de kern, en is zelf refererend. We spreken daarom ook wel van zelfvernieuwing. Vernieuwingen kunnen een ontwrichtend effect hebben op gevestigde ondernemingen en bestaande marktordes, doordat ze raken aan de essentiële kwaliteiten van een organisatie.

Laat ik een voorbeeld geven van een ontwrichtende vernieuwing: de digitalisering van allerlei producten.[1] Het bekendste voorbeeld daarvan is de traditionele fotocamera die vervangen wordt door de digitale camera. Dit vernieuwingsproces heeft een ontwrichtend effect op traditionele fabrikanten van camera's zoals het befaamde Duitse Leica, en op fabrikanten van fotorolletjes zoals het Amerikaanse Kodak en het Belgische Agfa-Gevaert. Ook winkelketens die de foto's ontwikkelen, zoals het Nederlandse Kral, komen door deze vernieuwing in grote problemen of gaan failliet. Waren deze ondernemingen ingeslapen, dachten ze dat de bui wel zou overdrijven of zijn ze domweg vergeten te vernieuwen?

Het lijkt wel of elk succesvol bedrijf op een gegeven moment het einde van zijn levenscyclus in zicht krijgt, naar nieuwe wegen moet zoeken, maar daartoe niet lijkt te zijn uitgerust. De oorzaken zijn niet alleen in de golf van digitalisering te vinden die over de aardbol trekt. Ook de veel bezongen The Body Shop vergat te vernieuwen na het vertrek van de charismatische oprichter Anita Roddick.[2] En bij de hippe uitgever van reisboeken Lonely Planet viel het dertigjarige bestaan in 2004 samen met een dramatische teruggang in de resultaten.

---

1 Zie voor de noten pagina 52.

GERRIT BROEKSTRA

Wat verstaan we onder organisatievernieuwing? De Japanse organisatiedeskundige Ikujiro Nonaka gaf een bruikbare definitie:

> *Self-renewal of an organization can be seen as a process of dissolving an existing organizational order and creating a new one. Order in an organization refers to the structural and cognitive order which affects the pattern of the members of the organizational activities, namely, the pattern of resource deployment, organizational structure, system, processes, and cultures. There can be no self-renewal without dissolution and creation of order.*[3]

Bij vernieuwing verandert dus niet alleen het object, de organisatie of het product, maar ook de *mindset*, de mentale instelling. En daar, in de *corporate mind*, waar de gevestigde strategieën, het beleid, de procedures, de concepten en de denkmodellen huizen, zit bij vernieuwing altijd het echte probleem. De *corporate mind*, waar de onderneming zich aan heeft gehecht en mee heeft geïdentificeerd, staat als een ondoorzichtig scherm tussen het topmanagement en de veranderende wereld. Die *mindset* heeft een vals zelf of een onechte identiteit gecreëerd die het zicht op de buitenwereld belemmert. Het veroorzaakt dan ook veel pijn en leed wanneer de vernieuwingen van buitenaf toeslaan in de vorm van succesvolle nieuwkomers, die pijlsnel opkomen.

Gehechtheid aan het bestaande is in de spirituele tradities van de wereld geen onbekend probleem. Zo wijst het boeddhisme gebondenheid (*attachment*) aan als een van de oorzaken van het lijden in de continu veranderende wereld. Ook de Indiase filosofische stroming Vedanta wijst erop dat de Natuur, waarvan de geest deel uitmaakt, onderhevig is aan de eeuwige dans van tegengestelde impulsen. Vertaald naar ondernemingen, betekent dit dat veranderingen een hoop ruis veroorzaken in de (*corporate*) *mind*, waardoor het denken van het management wordt aangetast en juiste acties worden geblokkeerd.

Authentieke vernieuwingen en de creativiteit waaruit ze ontstaan, zijn in de kern spirituele bezigheden. Daarom is het goed op zoek te gaan naar de inzichten die oude wijsgerige tradities ons bieden voor het vernieuwingsproces in organisaties. Maar allereerst ga ik in op de vraag waarom het zo moeilijk is te vernieuwen.

Vernieuwingsmanagement: een oxymoron?

'Verandermanagement' is inmiddels een ingeburgerde term geworden, bijna synoniem met management. Elke zichzelf respecterende manager die nieuw is in een organisatie, probeert meteen zijn stempel op de organisatie te drukken door allerlei veranderingen door te voeren. Daardoor zijn veranderprogramma's vaak de schrik van de werknemers en klanten. Zij rollen van de ene verandering in de andere zonder dat ze werkelijk, in essentie, iets zien veranderen.

Dikwijls worden er veranderingen doorgevoerd, terwijl er eigenlijk vernieuwingen zouden moeten plaatsvinden. Er wordt dan wel sarcastisch gesproken over het verschuiven van de dekstoelen op de Titanic.

Is veranderen al niet eenvoudig, vernieuwen is nog complexer. Vernieuwen raakt de kern. Daarvoor moet men de bestaande orde van ingesleten gewoontes en praktijken opgeven. En dat valt niet mee. Het strippen van gewoontes kan aanvoelen als het strippen van de identiteit.

'Vernieuwingsmanagement' is als term minder bekend. Kunnen managers eigenlijk wel vernieuwen of is de term een oxymoron? Om mensen te prikkelen begin ik workshops vaak met een flipover waarop ik twee kolommen zet. Links schrijf ik bovenaan 'vernieuwing' en boven de rechterkolom schrijf ik 'management'. De deelnemende managers vraag ik vervolgens woorden te noemen die kenmerkend zijn voor het een of het ander. Hierna staat een representatief voorbeeld.

VERNIEUWING	MANAGEMENT
Ontwikkeling	Sturing
'Af van het pad'	Beleid
Nieuw elan	Politiek
Inspireren	Beheersing
Egalitair	Hiërarchisch
Doorbraak	Verstarring
Open	Gesloten
From scratch	Meer van hetzelfde
Creativiteit	Kosten
Spontaan handelen	Beperkt handelen
Spiritualiteit	Rationaliteit
Moed	Angst voor vernieuwing
Ondernemerschap	Efficiency
Passie	Controle

Bij zo'n oefening hebben de meeste deelnemers de neiging stereotypen te roepen, maar toch is de boodschap duidelijk. Men vindt (van zichzelf) dat managers vooral gericht zijn op sturing en beheersing in een hiërarchische context en vooral gefocust zijn op kosten en efficientie. In het rijtje 'vernieuwing' staan woorden als creativiteit, innovatie, passie en evolutie, die meer met spiritualiteit worden geassocieerd dan met rationaliteit. Vervolgens stel ik de vraag of we vernieuwingsmanagement als een oxymoron moeten zien, die een heikel dilemma oproept. Kunnen managers vernieuwen? De conclusie van het debat is meestal dat vernieuwing wel degelijk gemanaged kan worden, maar dat de rolopvatting van de manager dan flink op de schop moet.

Het vernieuwingsdilemma

Van mensen wordt vaak gezegd dat ze gewoontedieren zijn. Als we eenmaal geleerd hebben dat een bepaald gedrag bevredigend of succesvol is, volharden we al snel in dat gedrag. Denk maar aan eet-, drink- of rookgewoontes. Langzaam maar zeker, zonder dat we er erg in hebben, worden we de gevangene van dat herhaalgedrag en de slaaf van ons eigen gedrag, onze denkpatronen, bezittingen, en ons ego.

Deze opvatting over individuen wordt al snel op organisaties geprojecteerd. Ook zij zouden 'van nature' last hebben van de *habit trap*, zoals Robert Waterman dit noemt. Deze *habit trap* maakt vernieuwing zo moeilijk[4]. En dat terwijl vernieuwing wel noodzakelijk is, omdat evolutie en vernieuwing de essentie zijn van het leven.

Van mensen wordt ook beweerd dat ze in hun aard

juist creatieve wezens zijn en van vernieuwing houden. Hoe zit dat dan?

Nu wordt het dilemma dat vernieuwing oproept zichtbaar. Enerzijds zijn gewoontes heel bruikbaar. Ze maken het leven eenvoudiger en we kunnen sneller reageren op allerlei routinematige omstandigheden. Anderzijds zijn gewoontes geduchte obstakels als we ons voor veranderende situaties geplaatst zien.

Dit geldt ook op organisatieniveau. Gewoontes, culturen en ingesleten organisatiepraktijken, gevoed door de corporate mindset, functioneren als ondergronds vliegwiel dat inertie en weerstand tegen verandering veroorzaakt. Dit lijkt een ijzeren wetmatigheid, vooral in grotere organisaties, waar het dan ook vrijwel nooit lukt om tot echte vernieuwing of nieuw ondernemerschap te komen. Laten we eens een praktijkvoorbeeld van een falende poging tot vernieuwing bekijken.

De olifant die moest leren dansen

De Nederlands-Britse voedings- en verzorgingsgigant Unilever opende het jaar 2000 hoopvol met een nieuwe vijfjarenstrategie, de 'Weg naar Groei'. Deze groeistrategie was vooral bedoeld om het ondernemerschap in het bedrijf aan te wakkeren. Creativiteit en de ondernemersgeest moesten gestimuleerd worden. Als eerste zou de portfolio gesaneerd worden: 1600 merken moesten worden teruggebracht naar 400 goed renderende *power brands*. Deze elitemerken moesten zorgen voor een jaarlijkse autonome omzetgroei van structureel minstens 5 tot 6 procent. Sanering, reorganisatie, desinvestering en integratie van geacquireerde bedrijven moesten de speelruimte creëren voor innovaties en marketing, was de simpele redenering.

Merkwaardigerwijs werd het geld al snel besteed aan het geliefde speeltje van topmanagers, namelijk in het oog lopende acquisities, zoals het Amerikaanse Bestfoods, dat voor ruim 25 miljard euro werd overgenomen. Hierdoor liep de schuldenlast behoorlijk op, waardoor er weinig speelruimte overbleef voor het geduldig experimenteren met autonome groei. Door het saneren en bezuinigen zagen de eerste jaren van het nieuwe millennium er toch nog veelbelovend uit. Ondanks de magere economische tijden werd de winstverwachting over 2002 zelfs overmoedig verhoogd. Hoewel de waardering van Unilever achterbleef bij die van haar rivalen, 'leek de strategie te werken' volgens waarnemers en werd Unilever als 'een van de weinige lichtpuntjes in het Nederlandse bedrijfsleven' aangemerkt.[5]

Halverwege de planperiode raakte Unilever echter van de weg af. In 2003 begon men in de media serieus te twijfelen aan het succes van de strategie. Er kwamen omzet- en winstwaarschuwingen. Natuurlijk weet het topmanagement de omzetstagnatie aan allerlei externe factoren zoals een slechte zomer, de zwakke dollar, toegenomen concurrentie, de voorkeur van consumenten voor huismerken in plaats van de A-merken van Unilever, de prijzenoorlog tussen de supermarkten en het lage consumentenvertrouwen. In 2004, het jaar van de waarheid, werd echter in de media de 'weg naar groei' als 'totaal mislukt' en als 'geen deuk in een pakje boter kunnen slaan' weggehoond.[6] Het feit dat concurrenten als Danone, Nestlé en Proctor & Gamble het aanzienlijk beter deden dan Unilever, gaf voedsel aan het vermoeden dat het probleem dieper zat. De top gaf toe dat ze een aantal ontwikkelingen niet had zien aankomen.

Centralistisch saneren, reorganiseren en kosten besparen gaat een massafabrikant als Unilever bijna altijd goed af. Efficiency is een spel dat de onderneming goed beheerst. Zo'n strategie, gecombineerd met integratie van acquisities, heeft een sterk naar binnen gerichte focus tot gevolg. Een bijziendheid die niet gunstig is voor nieuw ondernemerschap. Daarvoor moet de focus naar buiten gericht zijn, op de behoeftes van de klanten, en gecombineerd worden met een grote interne beweeglijkheid die een logge bureaucratie als Unilever nu eenmaal niet heeft. Bovendien wordt de doorsnee werknemer of manager in een onderneming die binnenste buiten wordt gekeerd en waar 'de ijzige tocht van de rationalisering' waait, aanzienlijk voorzichtiger en behoudender dan past bij de centraal afgekondigde ondernemersgeest.[7] De weliswaar afgeslankte olifant kon haar balboekje weer opbergen. Zoals Bartjens, het 'wachten op de revolutie' bij Unilever moe, het sceptisch formuleerde: 'In snijden een meester, maar aansprekende groei op eigen kracht blijkt lastig. Wellicht is die revolutie te veel gevraagd van de ijs- en soepmakers'.[8]

Dat een olifant toch wel kan dansen, blijkt uit het boek van Louis Gerstner *Who says elephants can't dance?* Daarin bespreekt hij de opmerkelijke turnaround van IBM.[9] Dit computerbedrijf stond begin jaren negentig van de vorige eeuw aan de rand van de afgrond, maar slaagde er onder de vernieuwende leiding van Gerstner in zijn ware aard boven tafel te krijgen en zichzelf te revitaliseren.

Waarom lukte Unilever dit niet? Was de crisis bij Unilever niet diep genoeg om het besef te krijgen dat er echt iets moest veranderen? Of zat de crisis juist dieper, en was men zich te weinig bewust van de echte essentie van Unilever? De wezenlijke aard, het zelf, van een massafabrikant is gericht op efficiency, wat automatisch inertie meebrengt. Vernieuwingen daarentegen worden gekenmerkt door snelheid en lichtvoetigheid. In haar begeerte (*craving* zoals de boeddhist zegt) naar hogere winsten had de corporate mind van Unilever zich geïdentificeerd met het zelf van een ondernemende en vernieuwende onderneming. Dat zelf kwam echter niet overeen met de werkelijkheid en de markt prikte er dan ook onbarmhartig doorheen. De onderneming zal zichzelf de zijnsvraag moeten stellen: 'Wie ben ik?' en dan tot de diepste erkenning komen dat ze niet de corporate mind *is*. Ze zal op zoek dienen te gaan naar haar *true nature*, haar Zelf of Essentie. Anders loopt ze het gevaar een prooi te worden van *corporate raiders*.

De metafoor van de guna-dynamiek

Wanneer we termen gebruiken als 'habit trap' en 'inertie' om het vernieuwingsdilemma te verklaren, gebruiken we denkmodellen. En die zijn nu eenmaal bedacht. Het is aardig, om niet te zeggen fascinerend, om vanuit een andere cultuur, met een ander denkmodel, naar het vernieuwingsdilemma te kijken. Zo'n denkmodel, dat in eerste instantie vreemd aandoet, laat de welwillende lezer met nieuwe ogen kijken. Daardoor kunnen we het dwingende karakter van een ogenschijnlijk onontkoombare dynamiek enigszins relativeren. Het is zelfs leuk om in het dagelijks leven te leren denken op een manier die voor ons in het Westen nieuw is.

Deze manier van denken behoort tot wat wel de 'eeuwige wijsheid' wordt genoemd en de basisgedachten zijn terug te vinden in alle mystieke of gnostische stromingen van de wereld. Zo ontwikkelde zich in India vele eeuwen geleden een belangrijk filosofisch systeem dat de Vedanta wordt genoemd. Het is geen religie en je kunt niet lid worden van een instituut zoals een kerk. Het woord betekent het einde (Sanskriet: *anta*), of liever gezegd, het alle gewone kennis overstijgende hoogtepunt van de *Veda's* (kennis; 'veda' vormt de wortel van ons woord 'weten'; hierbij staat het intuïtieve weten centraal). Er zijn vier Veda's, de oudste heilige geschriften ter wereld.

De Vedanta zegt dat de Natuur (*prakriti*) en alles wat daar deel van uitmaakt, bestaat uit drie fundamentele kwaliteiten of, zoals we in het Westen zouden zeggen, krachten. Alles, rotsen, planten, dieren, mensen, lichaam en geest, zijn – in verschillende mate – voortdurend onderworpen aan de dynamiek of de dans van deze drie kwaliteiten of impulsen, genaamd *guna's* (spreek 'gu' uit als 'goo' in het Engelse woord 'good'). Guna betekent 'streng', als de strengen in een gevlochten touw. Deze natuurlijke kwaliteiten zijn zo subtiel dat we ze niet met de zintuigen kunnen waarnemen, maar hun effecten zijn wel waarneembaar. Daar is niets mystieks aan. Het zijn slechts constructies van de geest, net zoals de zwaartekracht een constructie is. Ook zwaartekracht kunnen we niet direct waarnemen, maar we hebben hem als bruikbaar concept geadopteerd om het verschijnsel van de aantrekkingskracht van lichamen op elkaar te verklaren.

De eerste van de drie guna's wordt *tamas* genoemd.[10] Het heeft kenmerken van duisternis, traagheid, inertie, onwetendheid, neiging tot uitstellen en passiviteit. Als tamas domineert in een mens, is zo iemand lui, onzorgvuldig, heeft hij een vernauwde blik, is dogmatisch en egocentrisch en meestal gepreoccupeerd met het verleden. Tamasische personen houden niet van verandering, laat staan van vernieuwing. Ze zijn niet dol op actie. Ze houden van vastgestelde routines en neigen tot de status-quo.[11]

De tweede guna is *rajas*. Deze kwaliteit heeft te maken met activiteit, en bij mensen met activiteit gedreven door het ego. Om de tamas-kwaliteit in onszelf de baas te worden, moeten we in actie komen: rajas elimineert dan tamas. Rajasische mensen vertonen emotioneel gedrag, door verlangens gedreven activiteit en passie, hebben een grote belangstelling voor geld en materieel gewin in de toekomst. Kortom, rajasische personen houden van actie, hun geest werkt altijd op volle toeren en ze hebben een neiging tot ongeduldig en impulsief gedrag. Het zijn vooral succesvolle zakenlieden die gedreven worden door de rajas-impuls.

De derde van de drie guna's is *sattva*, die gekenmerkt wordt door het streven naar kennis, harmonie, wijsheid, schoonheid en spiritualiteit. Een persoon die gedomineerd wordt door sattva, hecht niet meer zoveel aan wereldse aangelegenheden, zoekt naar de waarheid en probeert in harmonie met de Natuur te leven. Een sattvische mens houdt van vooruitgang, zijn geest is niet gericht op actie om de actie zelf, maar op actie die creatief, levensbevorderend en gezond is.[12]

Deepak Chopra, de bekende bestsellerauteur van talrijke spirituele boeken, geeft een eigen interpretatie van de werking van de drie zogenaamde mentale guna's die de geest beheersen.[13] Hij beschrijft sattva als de impuls om te evolueren, voorwaarts te gaan, vooruitgang te maken en tamas als precies het tegenovergestelde, de impuls om te blijven waar men is of zelfs achteruitgang. Tussen deze twee impulsen staat rajas als een meer neutrale impuls die gewoon actie voorstaat. Rajas stelt in feite de vraag: 'Hoe moet ik in deze situatie handelen?'

Sattva geeft de voorkeur aan een keuze die voortgang, evolutie of vernieuwing ondersteunt, tamas houdt zich bij de keuze van stabiliteit en niets doen. Als je bijvoorbeeld, na een drukke week, op zaterdagmiddag lekker op de bank hangt met de krant en je had je dochter beloofd te helpen met haar huiswerk, zegt de tamas-impuls je te blijven waar je bent (het kan immers morgen ook wel), terwijl de sattva-impuls je aanspoort op te staan en haar te helpen. De geest begint op volle toeren te draaien. Gedachten, pro en contra, buitelen over elkaar heen. Het ego dringt zich onophoudelijk op: 'Ik heb ook recht op wat rust' en probeert het innerlijke conflict te smoren. Ook het lichaam laat zich niet onbetuigd. Je wordt onrustig, misschien breekt het zweet je uit. Kortom, sattva en tamas zijn met elkaar in conflict, terwijl rajas de onschuldige, neutrale impuls is die je min of meer aanspoort een keuze te maken. De afbeelding hierna, ontleend aan Chopra, verduidelijkt het dilemma dat ontstaat. In feite beschrijft ze ook het vernieuwingsdilemma.[14]

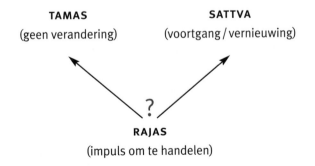

TAMAS
(geen verandering)

SATTVA
(voortgang / vernieuwing)

?

RAJAS
(impuls om te handelen)

Het voorbeeld laat zien dat alle drie de natuurlijke krachten in iemands geest werkzaam zijn. Toch kennen we allemaal managers die meer van de ene dan van de andere kwaliteit hebben. Zo zijn sommige managers uitgesproken rajas-types: zij houden van actie om de actie, zijn vol energie, vaak ongeduldig en impulsief. Andere zijn meer tamas-types: zij houden van routinewerk, zijn langzaam in beweging te krijgen, vertonen weerstand tegen nieuwe ideeën, zijn conservatief en denken dat het vroeger beter was. Sattva-managers tot slot gaat het niet om actie ter wille van de actie zelf, maar om actie die creatief, vernieuwend en levensbevorderend is.

De guna-theorie kunnen we als metafoor ook op organisatieniveau toepassen. Zo zijn er veel organisaties die in hun diepste kern opvallend tamas-gedreven zijn.[15] Denk aan bureaucratieën en massafabrikanten, zoals Unilever (focus op *operational excellence*). Voorbeelden van rajasische organisaties, die voortdurend met acties voor hun klanten komen, zijn supermarkten (focus op *customer intimacy*). Een voorbeeld van een sattvische organisatie, die creativiteit, originaliteit en vernieuwing hoog in het vaandel heeft, is Rituals, nota bene een offspring van Unilever. Vaak blijken sattvische organisaties trouwens ook het belang van de drie P's (*people, planet, profit)* te onderschrijven (*product leadership).

Rituals: rediscovering the moment

In diezelfde tijd dat Unilever zich opmaakt voor de 'weg naar groei', is Unilever-manager Raymond Cloosterman, die opgeklommen is tot Senior Vice President New Business Development, de wereld aan het rondreizen om inspiratie op te doen. Hij ontdekt dat succesvolle Ameri-

kaanse nieuwkomers, zoals de merken Starbucks en Ben
& Jerry's (later door Unilever overgenomen), uitgaan van
een sterke filosofie. Achter hun merk – of het nu koffie
is of ijs – zit een verhaal dat appelleert aan een manier
van leven. Tijdens zijn reis krijgt Cloosterman het idee
van een nieuw merk, Rituals, waarmee hij de al overvol-
le cosmeticamarkt wil veroveren. Zoals het een echte
nieuwkomer betaamt, wordt Rituals echter meer dan
cosmetica, het merk combineert – volgens de website – Home & Body Cosmetics: 'inspirerende producten
voor de verzorging van je lichaam én je huis'. Het huis
als tweede huid. Rituals zegt westerse technologie te pa-
ren aan oosterse wijsheid. De slagzin *rediscovering the
moment* geeft aan dat alledaagse routinematige klusjes
zoals tandenpoetsen, theezetten of afwassen, met Rituals weer een bijzonder ritueel worden waarin men bewust in het moment opgaat. Het merk heeft verder een
'unieke prijs/kwaliteit filosofie', 'op kwaliteit concurre-
rend met prestigemerken voor een prijsniveau dat iets
onder dat van The Body Shop ligt'.[16]

Bijzonder aan Rituals is dat elk product een verhaal
heeft. Zo is het niet alleen een leuke ervaring om de
winkels te bezoeken, maar ook een genot om de verhaal-
tjes bij de producten met exotische namen op de nieuwe
webshop te lezen. Wat te denken van *Silk Route*, een
voetbalsem die dankzij 'verfrissende Chinese munt' verwijst naar de legendarische Zijderoute; *Samurai Secret*,
een scheercrème die geïnspireerd is op de tradities van
de Japanse Samoerai-krijgers, 'het symbool voor fysieke
kracht en morele kwaliteiten'; *Indian Daylight*, een par-
fumkaars, geïnspireerd op oude Indiase aromatherapie-
en; *Bamboo Treasure*, een afwasmiddel dat verwijst naar
de duizenden jaren oude Japanse rituelen met water,

waarbij je 'terwijl je de afwas doet, wordt bevangen door de heerlijk zachte geur van bamboe'. En als je als man de afwas hebt gedaan, wacht je ten slotte *Eve's Kiss*, waarna je beslist de afwasmachine de deur uit doet.

In een trage, tamasische organisatie als Unilever zou het dynamische, sattvische Rituals, dat voor lifestyle en design staat, niet lang overleven.[17] Rituals maakt zich dan ook al snel na de start in 2000 los van Unilever. De onderneming heeft inmiddels haar eerste lustrum gevierd met negen winkels in Nederland, en men is ook actief bezig in het buitenland. Dat de formule aanslaat, is een teken dat sattvische inspiratie op een totaal afgegraasde markt als die van de cosmetica voor nieuwkomers met een authentiek verhaal nog kansen biedt.

Hoewel het bedrijf niet direct verband legt met spirituele zaken, past de slogan *'rediscovering the moment'* helemaal in de traditie van de Vedanta, waarin alleen het NU, *'being present in the moment'*, geldt. Dat het boek van Eckhart Tolle, *De kracht van het NU*, zo populair is, onderstreept de belangstelling voor dit soort spirituele benaderingen.[18] Herinneringen, zegt de Vedanta, zijn gedachten in het heden over het verleden, verlangens zijn gedachten over de toekomst in het NU. Tamelijk overbodig dus. Zulke gedachten versterken de dominantie van de geest. Tijd en geest zijn immers sterk gekoppeld. Wanneer je je bewust wordt van het NU, maak je zelfs van eenvoudige handelingen als tandenpoetsen en afwassen, een verlichtende bezigheid die je met je diepste Zelf verbindt, een meditatie.

'Wees zonder de guna's...'

In hoeverre is de guna-dynamiek interessant voor de manager, wat kunnen we met dit denkmodel uit een andere cultuur? Het mooie is dat de inzichten uit de Vedanta ons kunnen leren om te gaan met allerlei krachtenvelden in een veranderlijke wereld. De Vedanta geeft namelijk aan hoe we de juiste keuze tot actie kunnen maken. Wij zijn geneigd ons af te vragen of een actie goed of slecht is, maar waar het om gaat is de juiste actie: de handeling die bijdraagt aan de ontwikkeling van mens (en organisatie en omgeving). Goed en slecht zijn relatieve begrippen, een juiste actie is een handeling die in overeenkomst is met de natuur, een handeling die het leven ondersteunt. Bij de vraag of een actie juist is, komt de kern van de Vedanta naar voren, zoals beschreven in een van de drie pilaren van de Vedanta, de *Bhagavad Gita*. In India wordt dit geschrift, kortweg aangeduid als de *Gita*, gezien als het meest gezaghebbende, goddelijk geopenbaarde geschrift. Het speelt in het alledaagse leven van de hindoe een belangrijker rol dan de oorspronkelijke Veda's. Elke zichzelf respecterende goeroe heeft er wel een commentaar op gegeven.

Hoewel als zodanig nog vrij onbekend in het Westen, is de *Gita* het beste, briljantste managementboek ooit geschreven. Hij is slechts een klein onderdeel van het grootse, duizenden jaren oude, Indiase epos van de *Mahabharata*. De *Gita* vertelt het verhaal van de 'verlichting' van de beroemde krijger Arjuna, bij wie aan het begin van een grote beslissende veldslag de moed volledig in de schoenen zinkt. Hij wordt ineens verscheurd door vragen over goed en kwaad, geest en hart komen heftig met elkaar in conflict, wat tot volkomen besluiteloosheid en zelfs fysieke verlamming leidt. De openbaring komt als zijn wagenmenner, in de persoon van Krishna, hem de weg wijst naar de juiste actie:

'Be without the three gunas, O Arjuna, freed from duality, [...], possessed of the Self.'[19]

'Wees zonder de guna's' betekent: identificeer je niet met de geest, verbind je met je ware aard, je innerlijke Zijn (*Being*). Wanneer we geobsedeerd zijn door het denken, gevoelens en verlangens, door rationaliteit en emotionaliteit, zijn we niet in staat de juiste keuzes te maken. Wanneer we ons afvragen wie we zijn, leren we uit spirituele tradities dat we niet onze geest zijn, noch ons lichaam, noch ons ego. Die worden allemaal geregeerd door de natuurlijke krachten van prakriti, de guna's. In werkelijkheid zijn we Zuiver Bewustzijn (*purusha*), Zelf (*Atman*), Dat of Tao, dat tegelijkertijd immanent en transcendent is, zoals de Upanishaden zeggen, de tweede pilaar van de Vedanta.[20] Wanneer we contact maken met dit Zuiver Bewustzijn, stijgen we uit boven prakriti (*be without the three guna's*) en realiseren we ons Zelf (*be possessed of the Self*). Dat is de echte Ene Werkelijkheid, al het andere is niet werkelijk.

Wanneer we de inzichten uit de Vedanta vertalen naar organisatieniveau, komen we tot het belangrijke onderscheid tussen *doing* en *being*.[21] Managers zeggen vaak dat ze doeners zijn, geneigd tot actie (*doing*). De Vedanta en andere spirituele stromingen leren ons daarentegen ons eerst bewust te worden van de Essentie, het Zelf (*Being*) en eenmaal stevig verankerd (*possessed*) vanuit deze Essentie actie te nemen. Dan blijkt de actie vaak vrij spontaan en moeiteloos tot stand te komen.

In India worden de wijze lessen uit de Vedanta gekoppeld aan moderne managementpraktijken. Zo heb ik ooit meegedaan aan een interessant seminar van een collega, Chakraborty, die zowel brahmaan is als Accounting Professor aan het Indian Institute of Management in Calcutta.[22] Hij is een uitgesproken voorstander van toepassing van de eeuwenoude Indiase waarden in het moderne zakenleven. Daarom adviseert hij Indiase managers hun oren niet te laten hangen naar Amerikaanse businesswaarden maar de Indiase wijsheid in praktijk te brengen. Ik ben nooit vergeten hoe hij zijn gehoor van Indiase topzakenlieden voorhield om eerst tien minuten de tijd te nemen voor een *brainstilling*, als ze in hun managementteam van plan waren te brainstormen over een idee. Zo'n brainstilling is een eenvoudige meditatie om het 'spaghettidenken' in het hoofd tot zwijgen te brengen. In de stilte die dan ontstaat, krijgt de ware aard van de mens als bron van evolutie ondersteunende gedachten de ruimte. De kans dat men tot de juiste actie komt, wordt groter. De geest wordt helderder en scherper gefocust.

Min of meer dezelfde ervaring hebben mensen die met een hoofd vol 'spaghetti' van aan elkaar klittende gedachten, besluiten een strandwandeling te maken of er een paar dagen tussenuit te gaan. Plotseling, uit het niets, bespringt hen de gedachte wat ze te doen staat, volkomen duidelijk, spontaan, moeiteloos, geen twijfel mogelijk: juiste actie. De mentale rust, een tijdelijke situatie van *no mind*, maakt een creatieve doorbraak mogelijk. (Daarna beginnen het ego en de geest wel weer te zeveren, maar sommige mensen hebben geleerd daar geen aandacht aan te schenken en zetten 'hun verstand op nul', zoals dat heet.) Om zo'n creatieve doorbraak te verklaren wijzen sommigen naar bijvoorbeeld de intuïtie. Niet onterecht, als we ons de letterlijke betekenis van het woord realiseren: de innerlijke leraar heeft gesproken. Weer anderen noemen het *support of nature*.

Guna's en de chaostheorie

We kunnen de heel oude idee van de dynamiek van de guna's moeiteloos overzetten naar de moderne chaos- en complexiteitstheorie. De rajas-impuls lijkt dan veel op wat in de chaostheorie een fluctuatie wordt genoemd. Een kleine verstoring, bijvoorbeeld een vraag van een klant, kan de aanleiding zijn tot grote veranderingen. Dit wordt het vlindereffect genoemd: een vlinder die haar vleugels beweegt in het Amazonegebied veroorzaakt een orkaan in Texas. Meestal ontstaat zo'n groot gevolg niet, maar wel als er positieve feedbackprocessen optreden die de fluctuatie versterken. De dynamiek die bijvoorbeeld bij de introductie van innovaties optreedt, lijkt op de rajas-impuls, waarna de keuze moet volgen tussen tamas, niets doen, alles blijft hetzelfde, en sattva, vernieuwingen die de evolutie een zetje geven. Elders heb ik dit proces van ontwrichtende innovaties met behulp van de chaos- en complexiteitstheorie uitvoerig beschreven en gesimuleerd.[23]

De lotgevallen van de voormalige computerfabrikant Digital Equipment Corporation, DEC, vormen een prachtige standaardillustratie van het verschijnsel van verkeerde keuzes als er een rajasische fluctuatie in de vorm van een innovatie optreedt. In de jaren zeventig is DEC een succesvolle pionier en nieuwkomer op het terrein van minicomputers. Deze hebben de grootte van een (Amerikaanse) ijskast, en worden de 'opvolger' van de mainframe computers, waar IBM leidend is (dat zelf naast de mini greep). Wanneer begin jaren tachtig de microcomputer, de pc, opkomt, heeft DEC geen belangstelling. Te kleine marges, technisch weinig interessant vergeleken met de mini's. De ingenieurs van DEC halen hun neus ervoor op. De klanten van DEC hebben geen interesse in een computer die niet zo goed presteert als de mini. DEC vertoont duidelijk een tamasische reactie: niets doen. Dat dit een verkeerde keuze is, blijkt echter al snel. Wanneer de pc-markt interessant begint te worden, doet DEC niet één, maar wel vier keer achter elkaar een poging die markt te betreden. Dat mislukt telkens, totdat men het uiteindelijk – na bakken met geld te hebben verloren – definitief opgeeft. De pc blijkt een ontwrichtende innovatie, een sattvische impuls in de markt. DEC wordt uiteindelijk door Compaq overgenomen en is nu geschiedenis.

Contextuele appreciatie: een ecologisch perspectief

Het vernieuwingsdilemma is dus al zo oud als de mensheid, hoe kunnen we er in de praktijk van de businesswereld nu mee leren omgaan? Voordat we ook maar tot een concept zoals strategie kunnen komen, dienen we eerst twee begrippen centraal stellen: context en *core*. Het Engelse woord 'core' betekent natuurlijk 'kern', maar omdat het paar context/core zo gemakkelijk in het gehoor ligt, en we al gewend zijn te spreken over bijvoorbeeld 'core business', handhaaf ik deze term.

Willen we tot een vernieuwingsstrategie komen, dan is het van groot belang eerst een wijder contextueel bewustzijn te ontwikkelen van wat zich in de context, buiten de vertrouwde (taak)omgeving van een onderneming afspeelt. De taakomgeving is een oud statisch begrip dat inmiddels vervangen is door het dynamische begrip 'business ecosysteem'. Ecologie is de studie van de relaties tussen organismen en hun omgeving. Een onderneming is een 'levende organisatie' en maakt deel uit van een levensgemeenschap, een ecosysteem waarin zich onder anderen concurrenten, klanten en toeleveranciers bevinden. Dat systeem is op zijn beurt omgeven door een wijdere context.[24] Wanneer we op een ecologische manier naar ondernemingen kijken, krijgen we tal van nieuwe inzichten waar ik hier niet verder op inga.[25] Belangrijk in mijn betoog is het feit dat ecosystemen door co-evolutie van de betrokken componenten een min of meer coherent geheel vormen dat zich ordent rond een zogenoemde 'ordeparameter'.

Wanneer de componenten zich op een ordeparameter vastleggen, *lock-in*, waarop de concurrentie en de co-evolutie zich vervolgens toespitsen, ontstaat er zo'n coherent ecosysteem dat de componenten er op den duur door gegijzeld worden. Dit gijzelingsprincipe of, zoals het ook wel wordt genoemd, het *slaving principle*, speelt een belangrijke rol in alle complexe dynamische systemen. Een voorbeeld is het fysische systeem de laser, waar het voor het eerst werd ontdekt. In zo'n coherent ecosysteem doet zich dan het bizarre verschijnsel van circulaire causaliteit voor: eerst vormen de componenten waaruit het systeem bestaat, gezamenlijk een coherent systeem en vervolgens worden diezelfde componenten door de bestaande ordeparameters tot slaaf gemaakt.[26] Dit verschijnsel werpt een nieuw licht op de zogenaamde inertie van organisaties en hun verbluffend trage respons op de opkomst van nieuwkomers.

Ter illustratie van het fenomeen 'ordeparameter' verwijs ik naar het voorbeeld van DEC. De fabrikanten van minicomputers gebruiken een 8-inch disk drive. De belangrijkste productkenmerken hiervan voor de klanten zijn de geheugencapaciteit, de snelheid en de kosten per megabyte. Als geheel vormen zij de ordeparameter. Het zijn de kenmerken waarop de ondernemingen met elkaar concurreren omdat de klanten die focus van de fabrikanten eisen. In feite zijn die kenmerken bepalende factoren voor de co-evoluerende orde in dit ecosysteem. Wanneer eind jaren zeventig – buiten het 'mini-ecosysteem' van de fabrikanten van minicomputers – een kleinere en daardoor lichtere, maar wel robuustere 5,25-inch disk drive wordt ontwikkeld door nieuwkomer Seagate Technology, vinden de minifabrikanten die niet interessant. De geheugencapaciteit en de snelheid vallen in het niet bij wat de dominante ordeparameter dicteert. De kleinere afmetingen van de 5,25-inch disk drive komen echter uitstekend van pas bij de ontwikkeling van de pc door nieuwkomers als Apple. In de context van het mini-ecosysteem van minicomputerfabrikanten ontstaat een embryonaal business ecosysteem van pc-fabrikanten die op een andere ordeparameter (zoals afmetingen en robuustheid) concurreren. De afloop is bekend: het pc-systeem wordt volwassen, de prestaties van de pc evenaren uiteindelijk die van de mini, en de klanten stappen massaal over op het nieuwe ecosysteem, waarna het oude systeem instort.

Deze externe *slaving* door de gevestigde orde blijkt de belangrijkste reden voor de interne inertie van ondernemingen. Managers van de ondernemingen die met elkaar het gevestigde ecosysteem vormen, krijgen het idee dat hun wereld tamelijk beschermd en quasi-stabiel is.

Soms krijgt een ecosysteem, mede geholpen door een behoudende overheid, zelfs de vorm van wat ik een relatief gesloten 'virtueel kartel' noem. De nationale ecosystemen van banken zijn zo'n voorbeeld, waarbij irrationeel buitensporige winsten worden gemaakt ten koste van de 'gegijzelde' klanten. Soms is een kartel zelfs meer dan virtueel, denk aan de fraude in de bouwwereld. Dat er dan een systemische of ecologische dynamiek werkt, waarvoor bijvoorbeeld de overheid zelf sommige parameters heeft vastgelegd, ontgaat velen. We kunnen dan ook niet direct de 'schuld' leggen bij de afzonderlijke componenten van het systeem.

Voor ondernemingen is het daarom van levensbelang regelmatig hun licht te laten schijnen buiten de grenzen van het ecosysteem waarin zij verkeren, de context naar waarde te leren schatten en op onderzoek te gaan naar nieuwe ontwikkelingen die wellicht ooit een ontwrichtende uitwerking kunnen hebben. Deze 'contextuele appreciatie' blijkt voor de meeste managers zowel een boeiende als een lastige zaak. Aan de ene kant opent de benadering hun de ogen, aan de andere kant zijn ze niet gewend zo te kijken. Ook vinden managers het lastig de causale dynamiek in kaart te brengen die zich binnen de context afspeelt.

Deze ecologische manier van kijken laat ik even rusten om in te gaan op een interessante metafoor die licht werpt op de quasi-stabiliteit van gevestigde business ecosystemen en die tegelijkertijd het belangrijke spirituele principe van onbestendigheid aanroert.

Onbestendigheid: leven op een zandhoop

Wanneer een gevestigd business ecosysteem ineenstort onder invloed van een nieuwkomer – die functioneert als een fluctuatie of een rajasische impuls – veroorzaakt dat veel menselijk leed. Niet altijd groeit een technologische fluctuatie echter uit tot een ontwrichtende innovatie. Dat gebeurt vooral wanneer er in de context ontwikkelingen plaatsvinden die elkaar versterken. Zo'n ontwrichting komt dan ook vrijwel altijd als een volslagen verrassing voor hen die zich wentelen in de vermeende stabiliteit van hun ecosysteem. Hoe kan het dat soms wel, maar vaak niet een bijna calamiteit optreedt, althans voor de gevestigde orde, niet voor de snel groeiende nieuwkomers? Een fascinerende verklaring vinden we in het begrip *Self-Organized Criticality*, SOC, ontwikkeld door Per Bak, een in 2002 te vroeg overleden briljante Deense fysicus.[27] SOC beschrijft het verschijnsel dat complexe systemen, zoals business ecosystemen, evolueren naar een kritische toestand die balanceert tussen orde en chaos (ook wel 'chaordisch' genoemd[28]). We kunnen het fraai uitleggen met de metafoor van de zandhoop. Stel dat we midden op een kleine vlakke tafel geleidelijk korrel voor korrel zand laten vallen. In het begin blijven de korrels liggen op het nog betrekkelijk platte vlak op de plaats waar ze ongeveer terechtkomen. Geleidelijk vormt zich een meer piramidaal gevormde zandhoop waarvan de hellingen steeds steiler worden tot de hoogte van de piramide nauwelijks meer toeneemt. Als er nu een zandkorrel op de hoop landt, veroorzaakt dat meestal een kleine verschuiving of lawine van zandkorrels, maar soms ook een grote lawine waarbij een groot deel van de zandhoop van de tafel valt.

Het is opvallend dat door een en dezelfde dynamiek kleine fluctuaties (een vallende zandkorrel) tot lawines van allerlei groottes leiden. We kunnen zelfs tot de conclusie komen dat catastrofale veranderingen als het ware bijna uit het niets (één zandkorrel) voortkomen. Willen we complexe systemen zoals een zandhoop begrijpen, dan kunnen we ons niet langer concentreren op de individuele componenten, de zandkorrels, die er deel van uitmaken. Er ontstaat namelijk een geheel nieuwe dynamiek in het systeem als geheel, de zandhoop, waarbij zich nieuwe verschijnselen voordoen (emergentie genoemd). Bak heeft ontdekt dat de verdeling van de lawines – of het nu om zulke uiteenlopende complexe systemen als aardbevingen of aandelenmarkten gaat – een eenvoudige 'natuurwet' volgt, waarbij er veel meer kleine lawinetjes voorkomen dan grote catastrofale lawines, die slechts zo nu en dan plaatsvinden, en dat daar tussenin de medium grote lawines optreden.

Individuele zandkorrels, die al eerder op de hoop zijn geland, zullen lang niets merken van de kleine lawines die elders op de zandhoop plaatsvinden. Voor die korrels is dat context. Bij de korrels zelf kan dus voor een bepaalde tijd quasi-stabiliteit heersen. Tot ook zij getroffen worden door een min of meer grote zandverschuiving. In businessjargon spreekt men dan van turbulentie, vooral als er tegenvallende resultaten verklaard moeten worden.

In werkelijkheid is turbulentie een lokale complexiteit die een plaatselijke uitingsvorm is van een mondiaal kritisch systeem. De zandhoop als geheel, dus ecosysteem plus context, is dan het kritische systeem. De vallende zandkorrel is slechts een *trigger*, en geen oorzaak, die het systeem, dat op de rand van orde en chaos balanceert, in een autonome beweging brengt. Het is uitsluitend het resultaat van de dynamische interactie tussen de afzonderlijke componenten van het systeem, dat zich zonder ingrijpen van buitenaf door zelforganisatie in een situatie van SOC heeft gemanoeuvreerd. Het verschijnsel SOC speelt ook in business ecosystemen.

Uit de evolutieleer kennen we een vergelijkbaar verschijnsel dat *punctuated equilibrium* wordt genoemd en dat het uitsterven van soorten beschrijft. Een periode van stasis of quasi-stabiliteit wordt onvermijdelijk, vroeg of laat, afgewisseld door plotselinge catastrofale discontinuïteiten in de vorm van het uitsterven van soorten. Denk aan de dinosaurussen. Hun ondergang maakte uiteindelijk de komst van de nieuwkomer, homo sapiens, mogelijk, die inmiddels druk bezig lijkt met zijn eigen ondergang. In de biologische evolutie is bekend dat er eigenlijk niet veel gebeurt tot er soorten uitsterven. Het uitsterven is een ecologisch verschijnsel. Het is de belangrijkste creatieve kracht in de evolutie omdat het samenvalt met uitbarstingen van innovatie.

Wat kunnen managers leren uit dit ecologische perspectief? Belangrijkste les is dat niet de concurrentie binnen het ecosysteem de drijvende kracht achter de evolutie is, maar de fluctuaties of verstoringen die van buitenaf in een ecosysteem optreden.[29]

Er bestaat een interessante computersimulatie volgens de 'zandhooplogica' van een ecosysteem, het Bak-Sneppenmodel, dat het roerige, en soms quasi-stabiele leven op een zandhoop mooi illustreert. Deze simulatie opent de ogen van managers vaak voor een dynamiek waar ze nog nooit over hebben nagedacht, terwijl ze zelf boven op een zandhoop leven. Wanneer managers op een contextuele manier gaan kijken, zien ze in dat ondernemingen deel zijn van een groter systeem dat zijn eigen logica en dynamica kent. Het business ecosysteem in zijn context is een complex systeem met een geheel eigen(wijze) zelforganiserende dynamiek. Stasis en discontinuïteiten, *bubbles* en *crashes* (zoals in de aandelenmarkten) zijn normale, te verwachten verschijnselen van intrinsiek onvoorspelbare onbestendigheid.[30]

Nu van zandhoop naar de spiritualiteit. In zijn recente boek, *The Universe in a Single Atom: The Convergence of Science and Spirituality*, gaat de Dalai Lama uitvoerig in op het verschijnsel dat de boeddhisten *impermanence* noemen, onbestendigheid.[31] Hij spreekt van de 'universele wet van onbestendigheid' die al deel uitmaakte van het vroegste onderwijs van de Boeddha zelf. Net zoals de Griekse filosoof Heraclitus stelde dat je nooit twee keer in dezelfde rivier kunt stappen, het panta rhei, dat alles stroomt en onophoudelijk in beweging is, zegt ook deze universele wet dat alles 'in een constante flux' is. Niets is statisch of permanent. Daardoor kan hechting aan of identificatie met dingen of gebeurtenissen veel lijden veroorzaken. De moderne inzichten van de complexiteitstheorie ondersteunen deze eeuwenoude boeddhistische wetmatigheid. Meditatie op deze inherente onbestendigheid kan belangrijke gevolgen hebben voor de mentale instelling van managers. Iedereen weet natuurlijk wel dat alles verandert, maar handelt er niet naar. Iedereen lijkt te hopen dat het bij de buren gebeurt en niet bij henzelf.

Yogastah kuru karmani

Na context komt nu *core* aan de orde. Van helemaal buiten gaan we diep naar binnen. Contextuele appreciatie gecombineerd met begrip van ontwikkelingen binnen het business ecosysteem levert meestal een verzameling nieuwe inzichten, kansen en mogelijkheden voor de onderneming op. Dan volgt automatisch de vraag hoe we daarmee omgaan, welke kansen we benutten en welke acties we nemen. Als doeners zijn managers geneigd zich meteen op de strategie en de actieplannen te storten *(doing)*. Het is echter veel beter het doen even op te schorten en ons eerst de indringende zijns-vraag *(being)* te stellen: Wie zijn wij (eigenlijk)? Wat is de reden van ons bestaan? Hiermee raken we aan de Kern, de Essentie of het Zelf van de onderneming. In feite is dit een vraag naar de 'spirit' of spiritualiteit van de organisatie.

De afgelopen vijfentwintig jaar hebben we in de businesswereld gezien dat de strategievorming opschoof naar een benadering die de kern van een onderneming meer en meer centraal stelt. Ik hoef slechts te verwijzen naar – wellicht de start van die beweging – Peters en Waterman (1982) die het belang van waarden en cultuur propageerden, naar Collins en Porras (1994), die de concepten van de *core ideology* en kernwaarden enorm populariseerden, en naar dezelfde Collins (2001) die in *Good to Great* met typisch Amerikaanse uitbundigheid het *hedgehog*-concept (zeg maar gewoon: 'kernconcept') lanceerde en daarmee aangaf dat 'geweldige' ondernemingen goed weten waar ze het beste ter wereld in zijn (en waar niet in) en wat hun passie is. Aan de basis van deze bezinning op de unieke Kern of Essentie (Being) van de onderneming ligt een spiritueel verlangen. Wat men wil is het collectieve bewustzijn vergroten van wat een onderneming in de kern – met haar eigen unieke strategie, cultuur, mensen en concepten – drijft. Met andere woorden, wat is ten diepste het authentieke zelfconcept van een onderneming? Zoals de hiervoor genoemde auteurs duidelijk maken, hoeft deze *soul searching* de onderneming geen windeieren te leggen. Hoewel ook dan de verslaving aan het succes kan toeslaan en eens hoog opgehemelde ondernemingen zich te pletter vallen als de bekende overmoedige Icarus.

Mijn inspiratie om de vraag naar de kern op ondernemingsniveau te stellen ontleen ik direct aan de spirituele tradities die alle op zoek zijn naar het mysterie van het Zelf. In het bijzonder word ik geïnspireerd door het verhaal van de held van de Gita, de beroemde boogschutter en krijgsman Arjuna. De kern van de Gita is de praktische handelingsfilosofie die in het tweede hoofdstuk, vers 48, aan Arjuna wordt gegeven. Het klinkt heel mooi in het Sanskriet: *Yogastah kuru karmani*, wat vertaald betekent: *'Established in Yoga, perform action'*.[32] Yoga betekent hier Being of Zelf. Deze zin betekent in wezen dat actie in de wereld met al haar diversiteit en onbestendigheid niet alleen juist zal zijn, maar ook perfect en moeiteloos, wanneer je bent gevestigd in de diepste stilte van het Zelf, Being of Essentie.

Gecombineerd leiden de twee tegenovergestelde begrippen *Doing* (Karma) en *Being* (Yoga) tot *skill in action*, een doeltreffende samenhang, die wellicht beter te begrijpen is in de metafoor van de boogschutter Arjuna.

Yoga is pulling the arrow back; karma is shooting the arrow forward. One who tries to shoot the arrow without

*first pulling it back on the bow is said to have a poor sense
of action. His shot will not be strong, and his arrow will not
go far because it will not be carried forward with force.
Wise in the skill in action are those who first pull the arrow
back before they proceed to shoot it ahead.*[33]

Deze filosofie uit de Gita lijkt op de theorie van de *Buddha nature*. Volgens de Dalai Lama is de boeddhanatuur een toestand van Zuiver Bewustzijn (Being), die het natuurlijke vermogen tot perfectie heeft en die huist in ieder van ons. Hij noemt hem '*a deeply and continually inspiring concept*'.[34]

Ook het mindstilling-proces van Chakraborty heeft zijn oorsprong in dit Vedantische principe van *Yogastah kuru karmani*. De natuurlijke toestand van de geest is diepe, doch alerte rust. In die toestand kan de geest worden ondergedompeld in Zuiver Bewustzijn. Wanneer we daaruit komen en onze geest verfrist tot actie in de wereld aanzetten, zal onze actie heel effectief zijn.

Being op organisatieniveau: ken uzelve

Q: *What does it mean to know myself? By knowing myself
what exactly do I come to know?*

M: *All that you are not.*

Q: *And not what I am?*

M: *What you are, you already are. By knowing what you are
not, you are free of it and remain in your own natural state.
It all happens quite spontaneously and effortlessly.*

Q: *And what do I discover?*

M: *You discover that there is nothing to discover. You are what
you are and that is all.*

Q: *But ultimately what am I?*

m: The ultimate denial of all you are not.
q: I do not understand!
m: It is your fixed idea that you must be something or other,
  that blinds you...
m: First thing first - know yourself, all else will come with it.[35]

Deze prachtige dialoog tussen een vragensteller (q) en de hedendaagse spirituele goeroe Nisargadatta Maharaj (m) maakt onmiddellijk duidelijk dat de vraag 'Wie ben Ik?' niet eenvoudig te beantwoorden is. Maar als het eenmaal tot ons doordringt wat we niet zijn, niet dit, niet dat (*neti, neti*), komen we een heel eind.

Wanneer ik een parallel trek tussen deze dialoog en de vraag naar het Zelf op ondernemingsniveau en een stoutmoedige sprong maak van het Zelfconcept of Zijn naar het Doen in de vorm van strategieconcepten en de corebusiness voor ondernemingen, springt in het oog dat de wijsheid van de strategiegoeroe Michael Porter daarmee overeenstemt. Hij beweert al jaren dat de kern van een strategie die echt waarde creëert, is anders te zijn dan de anderen (niet beter, maar anders) waarbij het essentieel is te kiezen wat niet te doen. Imitatie van de concurrent vindt Porter de grootste ziekte van het management. Kijken we ons om heen, dan lijkt het meer op een epidemie.

Weten wat we niet zijn is de kern van de benadering die ik voorsta als we van context naar *core* gaan. De stelling 'Wij zijn...' invullen door ons af te vragen wat we niet zijn. De opzienbarende conclusie wordt dan dezelfde als de spirituele tradities ons vertellen: wij zijn niet, onze Essentie is niet de (corporate) 'mind' (strategie, beleid, plannen, et cetera), wij zijn niet het 'lichaam' (ego weerspiegelende kantoren, producten en diensten, productieproces, et cetera), wij zijn niet het 'ego', het onechte zelf dat we vaak in reclames voorgeschoteld krijgen. Wanneer we ons niet hechten aan en niet identificeren met corporate 'lichaam, geest, gewoontes en ego', bevrijden we onszelf uit de *habit trap* en het *slaving principle*. Daardoor verdampt het vernieuwingsdilemma als het ware en wordt het gemakkelijker in te spelen op de kansen en mogelijkheden die we bij de contextuele analyse hebben ontdekt. Het concept van het Zelf verleent ons innerlijke stabiliteit. We erkennen en accepteren dat een business situatie net zo onbestendig is als een zandhoop waar zandkorrels op vallen, en we worden ons bewust van de verantwoordelijkheid voortdurend op zoek te gaan naar creatieve manieren om met deze onbestendigheid om te gaan.

Een treffende illustratie van het Zelfconcept van een onderneming is het kernachtige motto van de luxueuze hotelketen Ritz-Carlton: *'We are ladies and gentlemen serving ladies and gentlemen'*. Zowel wat ze Zijn (*ladies and gentlemen*) als wat ze Doen (*serving ladies and gentlemen*) komt hier prachtig in slechts enkele woorden tot uitdrukking en het motto vormt de drijvende kracht achter de strategie en de cultuur van de keten.

In deze tijd van hardnekkige malaise is het goed een opsteker uit ons eigen glorierijke verleden te noemen. Terugkijkend naar de Gouden Eeuw ging Wennekes op zoek naar de oorzaken van de geweldige bloei die het gevolg was van de sterk ontwikkelde handelsgeest in Nederland. Wat was het achterliggende Zelfconcept? Waardoor was Nederland zo overtuigd van de eigen grootheid?

*Dat werd mede veroorzaakt door het calvinisme. Destijds
was het nog een drijvende volkskracht. Mensen die in de
handel zaten, waren vaak calvinisten en die zagen, hart-
gemeend, dat al hun arbeid werd gezegend door God de
Heer, als zij het maar deden ter ere Gods. Dus konden ze
naar China uitvaren om ze mores te leren, ze vertrouwden
erop dat de Here hen zou helpen. Daar kun je nu schamper
over doen, maar toentertijd werd er zo naar gekeken.
De Here helpt ons. Dat gaf een hele extra kracht om
avonturen aan te gaan waarvan je als normaal mens zou
zeggen: belachelijk, met een paar scheepjes de oorlog aan
China verklaren, het grootste keizerrijk op aarde, dat kun
je alleen maar doen als je megalomaan bent. Maar hoe
word je megalomaan? Door te denken: God is met ons'.*[36]

Niet zonder enig heimwee kijken we terug op dat eenvoudige Zelfconcept van 'God is met ons' dat volgens
Wennekes 'ons' destijds tot grote daden heeft aangezet.
Wie bekend is met het werk van Collins, zal het niet
ontgaan dat er een analogie is met de *'core ideology'* van
'great companies' die eveneens in staat bleken tot soortgelijke BHAGS, *'big hairy audacious goals'*. Ook de spirituele ondertoon kan ons niet ontgaan. Vergelijk dat met
een onderneming als Proctor & Gamble, een rivaal van
Unilever, die expliciet spreekt over de diep in haar Being
verankerde drijvende kracht achter de organisatie als
een *'spiritual inheritance'*.

Pas nadat het unieke Zelfconcept (Being) van de onderneming is vastgesteld, in het licht van de bevindingen
van de contextuele appreciatie, kan een onderneming
zich buigen over zaken als waarden, visie, missie of am-
bitie en de concepten zoals strategie en core business

(kernproducten, klanten, enzovoort). Een en ander is samengevat in onderstaande figuur.[37] Het proces waarin het Zelfconcept wordt vastgesteld, is trouwens een iteratief proces. Het kan lang duren voor precies is vastgesteld wat de unieke en authentieke Being van de onderneming is. Dit was ook het geval bij het voorbeeld van Rituals.

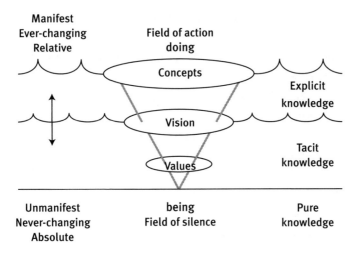

De achterliggende idee van deze figuur is dat in het spanningsveld tussen Being (Yoga) – het transcendente veld van de oceaan van stilte – en Doing (Karma) – het veld van de turbulente golven van actie – de methodiek vvc (*Values, Vision, Concepts*) ligt als de verticaal gerichte boog van een boogschutter. Hoe dieper men zich gedurende een proces van 'strategische conversatie' in de onderneming beweegt en mediteert op het Zelfconcept van de onderneming, hoe verder de boog gespannen wordt. Hoe meer alles wat er al aan Essentie '*tacit*' (verborgen) in de organisatie is expliciet wordt gemaakt, des te dich-

ter men komt in de buurt van de Bron van alle creativiteit en vernieuwing, en des te doeltreffender en krachti-
ger wordt de actie van de onderneming: *Yogastah kuru
karmani.*

De verlichte onderneming:
een copernicaanse revolutie?

In 1939 begonnen door twee door elektronica gegrepen,
gepassioneerde vrienden als een schoolvoorbeeld van de
American dream, figureert computerfabrikant Hewlett-
Packard vrijwel altijd hoog op de lijstjes van Amerikaanse favoriete bedrijven. (Ook die notering is af en toe onderhevig aan de wet van de onbestendigheid. Zo werd in
2005 de eerste topvrouw Fiorina aan de kant gezet omdat ze zich vertild had aan de overname van Compaq.)
Deze onderneming, ooit de pionier van de innovatiema-
chine Silicon Valley, zegt zich nog steeds te laten leiden
door haar credo, *'the HP-way',* die de Essentie of Being
van de organisatie weergeeft. Al vroeg, in 1960, stelde
David Packard de kernvraag waarom het bedrijf in wezen bestaat, wat geeft het eigenlijk bestaansrecht.

> *I want to discuss why a company exists in the first place.
> In other words, why are we here? I think many people
> assume, wrongly, that a company exists simply to make
> money. While this is an important result of a company's
> existence, we have to go deeper and find the real reasons
> for our being.*[38]

In vele sectoren wordt de kernvraag naar het Zelfconcept 'Wie zijn wij?' en 'Wat zijn onze bestaansredenen?'
weinig of nooit gesteld. Neem de dienstverlening, of die

nu publiek is of privaat. Overal wordt gesteld dat de kwaliteit daarvan beneden de maat is en dat die daalt. Banken, scholen, ziekenhuizen, ze lijken er alleen voor zichzelf te zijn en de klant, scholier, cliënt of patiënt, die toch de ware bestaansreden zou moeten zijn, telt niet meer mee. De industriële massa-ideologie van de efficiency heeft zich meester gemaakt van vrijwel alle sectoren van de samenleving. Gegijzeld binnen vicieuze cirkels van wederzijds wantrouwen en een cultuur van angst, zijn zowel de professional als de manager door de gesloten interne dynamiek van deze micro-ecosystemen een slaaf van het Systeem. En het Systeem heeft geen andere reden van bestaan dan standaardisering en anonimisering en heeft geen boodschap aan menselijke bestaansredenen.

Wanneer er dan nog meer managers en nog meer beleidsmedewerkers worden aangesteld, betekent dat slechts *'kurieren am Symptom'*. De frustraties worden alleen maar groter. Ook 'leiderschap' en wat dies meer zij is geen oplossing. Leiderschap is een non-issue. Leiders hebben volgers nodig die de gijzeling door het systeem alleen maar versterken. Daarom moeten managers zich bezinnen op hun rolopvatting. Ze zijn onderdeel van het probleem geworden. En problemen worden niet opgelost op het (relatieve) niveau waar ze ontstaan. Om Packard te citeren: *'We have to go deeper'*.

Arie de Geus, voormalig planner van Shell en auteur van het alom geprezen *The Living Company* (1997), moet het met Packard eens zijn geweest toen hij stelde dat het fundamentele bestaansrecht van een onderneming is te overleven en te bloeien op de lange termijn. Hij definieerde de bestaansreden van een levende onderneming, die als leidraad zou moeten dienen voor het managen van een onderneming, als meer dan een economische entiteit, een door aandeelhouderswaarde gedomineerde *'machine for making money'*, en wel als een levensgemeenschap van mensen met als streefdoel *'to fulfill its potential and to become as great as it can be'*.[39]

Ik ben het hartgrondig eens met Packard dat we dieper moeten gaan. Om in een onbestendige businesswereld de continuïteit voor de langere termijn te waarborgen en effectief en soepel te kunnen inspelen op vernieuwingen die elkaar steeds sneller lijken op te volgen, zullen ondernemingen zich nog indringender moeten afvragen hoe ze hun potentieel ten volle kunnen vervullen en, zoals Collins (2001) dat noemde, hoe ze geweldige bedrijven om voor te werken kunnen worden.

Deze zoektocht naar de Waarheid en de Essentie van een onderneming op organisatieniveau – te vergelijken met de eeuwige zoektocht van de individuele mens – is in wezen een spirituele opdracht. Daarom doen we er goed aan de spirituele en esoterische tradities van de wereld te bestuderen en zelf te ervaren wat ze inhouden. Dan zal blijken dat veel direct toepasbaar is in het zogenaamde pragmatische bedrijfsleven, dat toch altijd op zoek is naar verbetering van de *'skill in action'*. In wezen zeggen de oude tradities over de zoektocht naar zuivere kennis en wijsheid allemaal hetzelfde. In het oude Griekenland hing in de tempel van Apollo, god van de wijsheid, met zijn invloedrijke orakel te Delphi, ooit beschouwd als het middelpunt der aarde, de spreuk *gnothi seauton*. Zullen we ooit boven de moderne glas-in-staal businesstempels van de verlichte onderneming hetzelfde motto zien hangen: Ken uzelve?

Voor de Dalai Lama lijkt dat bijna vanzelfsprekend.

Immers, de zelfrealisatie van de mens, op organisatieniveau vergelijkbaar met wat De Geus noemt *'to fulfill its potential'*, is de innerlijke zoektocht naar haar *'Buddha nature, the natural potential for perfection'*.[40] In zijn briljante boek uit 2005 laat de Dalai Lama zien dat wetenschap en spiritualiteit elkaar aanvullen in hun bestudering van de werkelijkheid. Hij pleit voor convergentie van deze vormen van menselijke activiteit, waarbij veel van elkaar geleerd kan worden en waarbij sommige excessen in zowel wetenschap als spirituele stromingen kunnen worden vermeden.

Op dezelfde wijze kunnen we ons een convergentie van het denken in de businesswereld en de spiritualiteit voorstellen. Hiervoor dienen we het ongebreidelde materialisme – dat zowel in de wetenschap (alles is materie en energie en komt daar, zoals bewustzijn, uit voort) als in de businesswereld (met zijn excessen als de graaicultuur) als ideologie vigeert – los te laten als een achterhaald wereldbeeld dat het voortbestaan van de soort mens bedreigt. Spirituele en gnostische tradities stellen tegenover dit door materie gedomineerde paradigma dat Bewustzijn de primaire causale factor is die achter de schermen werkt. Het is niet een anomalie of toevallig bijverschijnsel van materiële processen. Deze zienswijze lijkt voor ons op een copernicaanse revolutie in het denken. Toch komen tal van wetenschappers, die ook de aard van bewustzijn bestuderen, gaandeweg tot de conclusie dat een synthese van wetenschap en spiritualiteit in het verschiet ligt.[41] We hoeven alleen maar 'wakker' te worden.

Ik spreek de hoop en verwachting uit dat de nieuwe leerstoel Business Spiritualiteit aan de Nyenrode Business

Universiteit een belangrijke bijdrage zal leveren aan een soortgelijke convergentie van business en spiritualiteit en, in het bijzonder, aan de ontwikkeling van competenties die de juiste actie vanuit het authentieke Zelfconcept van de verlichte onderneming zullen bevorderen. Ik hoop dit niet alleen omdat sommige mensen dat gewoon een leuke bezigheid vinden, maar vooral omdat dit een harde noodzaak voor de businesswereld lijkt te worden. Alleen een herbezinning op het uitzichtloze materialisme kan ondernemingen, als economische middelpunt van de aarde en als grootste machtsfactor, in staat stellen niet alleen hun eigen potentieel ten volle te vervullen, maar ook *people, planet, and profi*t te dienen, spontaan en moeiteloos.

Noten

1 Christensen, C.M., *The Innovator's Dilemma.* HBS Press, Boston 1997.

2 Thijssen, W., 'We zijn vergeten te vernieuwen en voorloper te blijven: Directeur Jan Oosterwijk van The Body Shop Benelux wacht op nieuw elan bij bestuurders en pleit voor loslaten dogma's', *de Volkskrant,* 18-03-2002.

3 Nonaka, I., 'Creating organizational order out of chaos: self-renewal in Japanese firms'. In: *California Management Review,* voorjaar 1988, p. 57-73.

4 Waterman, R.H. (1987) *The Renewal Factor.* New York: Bantam Books.

5 Citaten zijn uit resp. *Het Financieele Dagblad* (30 september 2002) en *de Volkskrant* (22 oktober 2003).

6 *Elsevier,* 23 oktober 2004.

7 Bartjens, Het FD, 21 september 2004.

8 Bartjens, Het FD, 25 juni 2003.

9 Gerstner, L., *Who says elephants can't dance?* Harper, New York 2002.

10 Zie bv.: Waite, D., *The Book of One, The spiritual Path of Advaita.* O Books, United Kingdom 2003.

11 Chopra, D., *Perfect Health, The complete Mind/Body Guide.* Harmony Books, New York 1990.

12 Chopra, D. (1990), p.193-194.

13 Chopra, D. (1990).

14 Chopra, D. (1990), p.193.

15 Broekstra, G., 'A complexity perspective of organizing,' In: R. Trappl (ed.), *Cybernetics and Systems '96.* Aust. Soc. Cyb. Studies, Wenen 1996.

16 Rossum van, M., 'Van geurkaars tot douchemodder'. In: *de Volkskrant*, 1 oktober 2005.

17 Couwenbergh P., 'Rituals beter af zonder moeder Unilever'. In: *Het FD*, 20 december 2002.

18 Tolle, E., *The Power of Now: A Guide to Spiritual Enlightenment.* New World Library, Novato 2004.

19 Maharishi Mahesh Yogi, *On the Bhagavad-Gita.* Penguin Books, MMY 1969 (Ch.2-V.45).

20 Vledder van, W.H., *Upanishaden: Het mysterie van het Zelf.* Ankh-Hermes, Deventer 2000.

21 Broekstra, G., 'An organization is a conversation. In: Grant, D., Keenoy, T. en Oswick, C., *Discourse and Organization.* SAGE Publications, Londen 1998.

22 Chakraborty, S.K., *Management by Values.* Oxford University Press. Delhi 1991.

23 Broekstra, G., 'A synergetics approach to disruptive innovation'. In: *Kybernetes: The Int.J.Systems & Cybernetics.* 2002, 31 (9/10), p. 1249-1259.

24 Moore, J.E., *The Death of Competition: Leadership and Strategy in the Age of Business Ecosystems.* Wiley, New York 1996.

25 Zie bijvoorbeeld Hurst, D.K., *Crisis en vernieuwing*. Scriptum, Schiedam 1997.

26 Broekstra G. (2002).

27 Bak, P., *How Nature Works: The Science of Self-organized Criticality*. Springer Verlag, New York 1996.

28 Hock, D., *Birth of the Chaordic Age*. Berrett-Koehler, San Francisco 1999.

29 Zie bijvoorbeeld Eldredge, N., *The Pattern of Evolution*. Freeman, New York 1999; en Leakey, R. en Lewin, R., *The Sixth Extinction*. Doubleday, New York 1995.

30 Zie bijvoorbeeld Broekstra, G., Sornette, D. en Zhou, W., 'Bubble, critical zone and the crash of Royal Ahold'. In: *Physica*, 2005, A 346, p. 529-560.

31 Dalai Lama, *The Universe in a Single Atom: The Convergence of Science and Spirituality*. Morgan Road Books, New York 2005.

32 MMY (1969), p. 135, 177.

33 MMY (1969), p. 141-142.

34 Dalai Lama (2005), p.149.

35 Sri Nisargadata Maharaj, *I Am That*. The Acorn Press, Durham 1973, herdruk 2005, p. 26-27.

36 Wennekes, W. (1996) *Gouden Handel: De eerste Nederlanders Overzee, en Wat Zij daar Haalden*. Amsterdam: Atlas.

37 Broekstra, G. (1998), p. 171.

38 Packard, D., *The HP Way*. Harper, New York 1995.

39 Geus de, A., *The Living Company: Habits for Survival in a Turbulent Business Environment*. HBS Press, Boston 1997.

40 Dalai Lama (2005), p.148.

41 Russell, P., *From Science to God*. New World Library, Novato 2002.

Business spiritualiteit
Een vernieuwingsmodel van organisaties

Business spiritualiteit kan dienen als model van organisatievernieuwing. Voor ik deze opvatting verder uitwerk, zal ik eerst deze begrippen verduidelijken om verwarring te voorkomen. Ik heb het niet over spiritualiteit als religieuze ervaring als verlengstuk van de godsdienst, maar over het streven vanuit de organisatie zelf haar spirituele rijkdom te ontdekken. Een organisatie is immers een samenwerkingsverband van mensen als geestelijke wezens. Business spiritualiteit is niet zozeer een nieuw fenomeen, als wel een andere weg om tot organisatievernieuwing te komen. De geestelijke krachten binnen een bedrijf kunnen zelf namelijk een bron van vernieuwing zijn. Wanneer mensen deze krachten verinnerlijken, kan een bewustwordingsproces op gang komen dat leidt tot inzicht in een dieper niveau van het bestaan. Dit inzicht in de diepste zingeving kan tot creatieve vernieuwing inspireren.

Ook de term vernieuwing kan tot misverstand leiden. De vernieuwing waar ik op doel, is niet gericht op kwantitatieve groei – al kan die wel plaatsvinden – maar op de kwaliteit van het bestaan en het welzijn van de mensen die op de een of andere manier bij het bedrijf betrokken zijn, de *stake holders*. Vernieuwing van de mens staat hierbij centraal. Bij vernieuwing denk ik aan het menselijke gelaat van een bedrijf zonder dat ik daarbij de winst – waar het in het zakenleven nu eenmaal om gaat – uit het oog verlies. Ook het milieu is een kwaliteitsfactor van het leven en daarom is betere zorg voor het milieu ook een aspect van organisatievernieuwing. Vernieuwing kunnen we kernachtig samenvatten als aandacht voor de drie P's: *people, planet, profit.*

Vernieuwing van organisaties in een patstelling

Talrijk is het aantal publicaties over organisatievernieuwing en talrijk is ook het aantal organisaties dat vernieuwing nastreeft. Helaas zijn de resultaten niet erg bemoedigend. Het zakenleven wordt geconfronteerd met een chaotische omgeving, waar het niet goed raad mee weet. Vaak wordt het management zelf ook chaotisch. Relevant in dit verband is de uitspraak van Lakanne, Deprez en Tissen:

> *'De veranderingen lijken zich te voltrekken in een tempo dat nog nooit eerder is vertoond in de geschiedenis van het bedrijfsleven. Ze zijn ook ingrijpender dan voorheen.'*[1]

Deze patstelling in de organisatiewereld benadrukken ze nog meer in de constatering:

> *'In de praktijk komt het erop neer dat vrijwel iedereen – alle direct en indirect betrokkenen – weliswaar van mening is dat het met organisaties (véél) beter moet, maar dat er eigenlijk niemand is die weet wat dat behelst en hoe dat moet. Niets lijkt nog te werken. Hoewel de*

---

1 Zie voor de noten pagina 119.

afgelopen decennia een lawine aan nieuwe inzichten,
managementmethoden en -technieken heeft voortge-
bracht, draagt vrijwel geen enkel specialisme betekenisvol
bij aan het beter functioneren van ondernemingen en
organisaties.'

Wat deze auteurs zeggen, is geen nieuw geluid. Reeds in 1999 schreef Dee Hock, de pionier van het Visa Card-betaalsysteem, dat er veel wordt gedaan aan vernieu-wing, maar dat het resultaat onbevredigend blijft. Steeds betere controlesystemen en scherpere regelgeving wor-den doorgevoerd, nieuwe technieken worden toegepast, maar het mag niet baten.

'Why are organizations, everywhere, whether political,
commercial, or social, increasingly unable to manage their
affairs? Why are individuals, everywhere, increasingly in
conflict with and alienated from the organizations of which
they are part? Why are society and biosphere increasingly
in disarray? Today, we're in an accelerating, global
epidemic of institutional failure.' [2]

Dee Hock wijst op de complexiteit van de omgeving waardoor vernieuwing van organisaties volgens de tradi-tionele modellen verouderd en onmogelijk is. Deze mo-dellen zijn namelijk niet berekend op chaos. Het gevolg is conflicten in het management, onrust onder de werk-nemers en vervuiling van de omgeving. Wat is er nodig om uit deze impasse te komen, vraagt hij zich af. Zijn antwoord is een nieuw inzicht, een dieper inzicht in de veranderde bedrijfsomgeving.

Hock toont aan dat alles in ons leven, ook in onze or-ganisaties, samengesteld is uit twee tegengestelde polen:

chaos en ordening. Deze zijn niet van elkaar te scheiden, maar ook niet met elkaar te verzoenen. Omdat beide een rijkdom aan mogelijkheden bieden, moet er iets gedaan worden om beide gebieden in hun kracht te behouden. Volgens Hock schept de chaos ook nieuwe kansen, en daarom is hij er niet louter negatief over.

Voor de oplossing heeft Dee Hock zich laten inspireren door de visionaire visie van Waldrop op complexiteit. In zijn *Science of Complexity* schrijft Waldorp: 'A subject that's still so new and so wide-ranging that nobody knows quite how to define it, or even where its bounderies lie. The very richness of these interactions allows the system as a whole to undergo spontaneous self-organization.'[3] De chaos is dus een zelforganiserende werkelijkheid die we niet moeten tegenwerken, maar waarmee we dienen samen te werken.

Hock gaat op zoek naar een nieuwe manier om deze chaos aan te pakken, een manier die voor het verstand ondoordringbaar blijft, de spirituele verdieping. Bij zo'n verdieping vindt er een paradigmaverschuiving plaats die tot een ommekeer leidt, een organisatorische 'bekering', waardoor we beter inzicht krijgen in de chaos. Die doorbraak in de patstelling van organisatorische vernieuwing noemt Hock 'chaordisch'. In de naam zit zowel de chaos als de ordening besloten. We kunnen vervolgens ordening in deze chaos aanbrengen door netwerken te organiseren. Zo kunnen we elkaar concreet het verhaal van ons leven vertellen en doorgeven, het verhaal waarin zowel de onbegrijpelijke als de begrijpelijke kanten tot hun recht komen. Door spirituele verdieping wordt de chaordische netwerkorganisatie geboren, die een doorbraak aankondigt van vernieuwing. Het Visa Card-betaalsysteem is een voorloper van deze organisatievorm. Hocks visie is niet gericht op het verleden, maar op de toekomst, waarin hij diep ingrijpende veranderingen ziet gebeuren. Hij voorziet een tijdperk met een vernieuwde bewustwording, waarin culturele patronen en gemeenschapsvormen verschuiven en organisatiemodellen worden verinnerlijkt.[4]

Het scheppingsverhaal, zoals dat in de bijbel en ook in andere religieuze geschriften wordt verteld, is voor de chaordische aanpak relevant. In het begin is er chaos. Dan komt de Geest en er komt ordening in de chaos. Deze Geest schept niet iets anders naast de chaos, maar maakt gebruik van de elementen van de chaos om deze op orde te brengen.

De belangrijkste boodschap van Dee Hock is dat organisatievernieuwing enkel kans van slagen heeft als we rekening houden met deze chaos en deze spiritueel weten te verinnerlijken. Hoe sterk deze behoefte aan verinnerlijking al in organisaties leeft, blijkt uit de grote belangstelling voor spiritualiteit. Zo houdt de Engelse School of Management, University of Surrey, in juni 2006 haar derde internationale conferentie over organisatiespiritualiteit 'to provide a forum to business leaders, researchers, educators, and practitioners to debate and exchange leading-edge theory and practice on spirituality in organisations'.

De tijd blijkt rijp voor een systematische aanpak van deze businessspiritualiteit, zodat we enige ordening kunnen aanbrengen in de chaos van het bedrijfsleven. Voor deze ordening hoeven we niet naar een aanpak van buitenaf te grijpen. We kunnen beter gebruikmaken van de mogelijkheden die de chaos zelf aanreikt. Wanneer we een goede keuze maken uit de geboden kansen en goed onderscheid weten te maken tussen de mogelijkheden, hebben we een redelijke kans van slagen en kunnen we tot echte vernieuwing komen. Het is dan wel nodig de chaos beter te leren kennen.

De chaos met zijn rijkdom aan mogelijkheden

Waldrop stelt dat de chaos een rijkdom aan nieuwe mogelijkheden biedt voor interacties die nieuwe creaties mogelijk maken. Hoe gecompliceerd een organisatieomgeving vaak ook is, en bijna niet te plannen, toch biedt ze verrassend rijke kansen voor vernieuwing. Met een beter inzicht in deze chaos kunnen we er optimaal gebruik van maken.

De complexe werkelijkheid van chaos toont ons verschillende gezichten, en daarom zal ik me om praktische redenen beperken tot de vijf belangrijkste deelaspecten: het scheppend vermogen, de contingentie, de menselijke vrijheid, de steeds snellere ontwikkelingen en de culturele verscheidenheid. Ze vormen alle samenhangende deelaspecten van eenzelfde realiteit.

De chaos als een scheppend proces

Chaos is geen negatieve werkelijkheid, maar een scheppend proces met positieve mogelijkheden voor vernieuwing. Wetenschappers die de grilligheid van chaos bestuderen, hebben ontdekt dat zelfs de eenvoudigste systemen in de natuur wanordelijk gedrag vertonen. Deze wanorde blijkt een scheppend proces dat niet alleen complexe en instabiele vormen voortbrengt, maar ook volledig georganiseerde en stabiele patronen. Deze processen, die eindeloos kunnen doorgaan, geven een boeiend beeld van het creatieve vermogen van de levende natuur. Wat er precies gebeurt, is echter niet rationeel te begrijpen. Daarvoor is een andere benadering nodig.

Eén benadering die ons heeft geholpen, is de niet-lineaire wiskunde. Deze heeft ons laten zien hoe we dieper kunnen doordringen in de geheimen van de irrationele werkelijkheid van het leven. Weersvoorspellingen, evenals de hydrodynamica en de aerodynamica, gebruiken de niet-lineaire wiskunde al om met onberekenbare systemen (zoals het weer) te werken. Deze nieuwe wiskunde kan met behulp van simulatieprogramma's het onbegrijpelijke leven zijn verhaal laten vertellen, waardoor wij inzicht krijgen in zijn chaos. De processen van het leven kunnen we namelijk niet rationeel verklaren als een keten van oorzaak en gevolg, zoals we gewend zijn te doen. Wel kunnen we met behulp van het niet-lineaire denken inzicht krijgen in het dynamische krachtenveld van het leven, in zijn processen en de onderlinge samenhang tussen de relaties.

De complexiteit van het leven dringt ook door in organisaties, en ook managers worden ermee geconfronteerd. Ze beschikken echter nog niet over de benodigde competenties om met deze onberekenbaarheid om te gaan en raken daardoor vaak in paniek. Wat zij nodig hebben, is een radicale aanpak, een aanpak die tot in de radix, de wortels van de chaos doordringt, het diepste bestaansniveau van het zijn. De spirituele aanpak is zo'n radicale aanpak die diep gaat. Met simulatieprogramma's die uitgaan van die aanpak, kunnen we de spirituele vermogens van een organisatie vanuit het diepste bestaansniveau sturen. Talrijke spirituele scholen hebben zulke spirituele simulatieprogramma's ontwikkeld, ook voor organisaties. Vanuit niet-westerse tradities zijn droom- en meditatietechnieken ontwikkeld om tot

verinnerlijking te komen en zo spirituele management-
competenties te ontwikkelen. Reeds in de zestiende
eeuw maakt Ignatius van Loyola in zijn Geestelijke Oefeningen (GO) gebruik van experimenten met de verbeeldingskracht om tot diepere inzichten te komen. Op deze
manier kan iemand vanuit zijn innerlijk lengte, breedte
en diepte van een plaats zien, hem van binnenuit voelen,
horen, ruiken, tasten en proeven. Zo kan hij tot het inzicht van zijn diepste verlangens komen. [GO 65-70].

Witteveen, die in de jaren zestig minister van Finan-
ciën was, vindt zijn geestelijke inspiratie in het soefisme[5]. Broekstra wijst managers de weg naar het niveau
van het zijn, het terrein van de zuivere kennis[6]. Helmut
Geiselhart in Duitsland en Chris Lowney uit Amerika
gaan uit van de ignatiaanse spiritualiteit[7]. De International Association of Jesuit Business Schools, die zich baseert op deze spiritualiteit, beschikt over een netwerk
van spirituele inspiratie voor het bedrijfsleven. De Cana-
dees Robert Quinet van Holding OCB Inc. geeft op internationaal niveau conferenties over de vraag 'how
 spirituality in management works to reconcile human
well-being with productivity and profits'.[8]

Er zijn nog veel meer voorbeelden te vinden van vernieuwende organisatievisies die met hun spirituele aanpak gebruik weten te maken van de rijke mogelijkheden
van de chaos.

De kansen van het toeval

De chaos toont nog een gelaat, door de traditionele filosofen 'contingentie' genoemd, toeval. Volgens de contingentietheorie bestaat de werkelijkheid uit een opeenvolging van gebeurtenissen zonder samenhang. Het is alsof
ze los van elkaar staan. Alles is toeval. Er is wel een wet-

PAUL DE BLOT SJ

matigheid, maar die is zo ingewikkeld dat we haar niet met het verstand kunnen achterhalen. Alles is uniek en eenmalig. Wie van de mogelijkheden van de toevalligheden gebruik weet te maken, beschikt over een sterke kracht voor vernieuwing. Dit kunnen we echter alleen met een spirituele instelling die lijnrecht staat tegenover kloonvorming, planmatigheid en standaardisering die nu praktijk zijn in veel ondernemingen. De realiteit bestaat dus uit een dynamisch krachtenveld waarin allerlei processen actief zijn. Als er bepaalde krachten samenkomen, ervaren we dat vaak als een toevallige samenloop van omstandigheden, als een toevallig en niet te berekenen keerpunt. Dit maakt mensen onzeker.

Moderne organisatiedeskundigen hebben de contingentietheorie verder ontwikkeld en toegesneden op de praktijk onder de naam 'synchronisatie'. Zo wijst Deepak Chopra, goeroe van het spirituele leiderschap, op de onbegrensde macht van het zinvolle toeval waar we ons niet altijd ten volle van bewust zijn en waar we te weinig gebruik van maken. Ruud Heijblom (zie ook zijn bijdrage in dit boek) werkt, evenals Jaworski, in organisaties met het toeval onder de naam 'synchroniciteit'. 'Synchroniciteit wordt omschreven als het betekenisvolle toeval. De essentie van toeval is dat iets je toevalt. In het synchronistische management is niet het verleden dat telt, noch de toekomst, het is telkens weer het moment, het nú. Synchronistisch management is momentmanagement: het juiste moment waarin de dingen tezamen komen gezien je bestemming[9].'

Een soortgelijke visie toont de Franse filosoof Bergson, die alles ziet als een voortdurende stroom. Mihaly Csikszentmyhalil heeft deze gedachte onder de noemer 'flow' uitgewerkt voor de praktijk van organisaties. Bij synchroniciteit worden de patronen van het zinvolle toeval herkend, bij flow gaat het om de stroom van toevalsmomenten die zich ontvouwen en eenheid en harmonie scheppen. Als we in flow verkeren, zijn we in staat op de juiste plaats en de juiste tijd de juiste dingen te doen. In de praktijk van het management blijken veel successen aan het toeval te danken, terwijl de best geplande projecten niet zelden tot mislukking gedoemd zijn.

De onberekenbare vrijheid van de mens

Zowel synchroniciteit als flow zijn vormen van spiritualiteit die gebruikmaken van de rijkdom van het toeval. De vraag die mij boeit is de achtergrond van deze contingentie. Hoewel er veel oorzaken te noemen zijn, is een belangrijke factor de onberekenbare vrijheid van de mens. De mens is in wezen vrij en daardoor in principe onberekenbaar. De moderne mens wordt zich steeds meer bewust van deze vrijheid en maakt ook steeds meer gebruik van zijn democratische rechten. In een netwerk van vrije (onberekenbare) mensen is de omgeving niet rationeel verklaarbaar, maar wordt bepaald door toevalligheden.

Het klassieke metafysische denken gaat nog een stap verder en neemt de vrijheid van de schepper als uitgangspunt. Vanwege de absolute vrijheid van de goddelijke schepper is heel het verloop van het leven onberekenbaar en niet verstandelijk te begrijpen. Religies gaan ervan uit dat Gods Wil alles bepaalt, mensen ervaren deze goddelijke wil als toeval. Voor gelovigen is dit toeval een goddelijk mysterie dat niet te kennen is door mensen. Onder moslims is *insa' allah*, gods wil, een vertrouwd begrip. Voor hen is alles wat gebeurt van nature contingent, toevallig, omdat het een goddelijk geheim is.

De onberekenbaarheid van de chaotische omstandigheden veroordeelt ons echter geenszins tot machteloosheid. Dat toont het synchroniciteitsmanagement en het flowmanagement. Ook wanneer we het toeval religieus interpreteren, kunnen we Gods Wil pragmatisch hanteren. Dat toont Ignatius van Loyola reeds in de zestiende eeuw aan door zijn concrete en realistische uitleg van het begrip Gods Wil. Voor hem spreekt – ongeacht de religieuze achtergrond – de realiteit een duidelijke taal als we er open voor staan en ernaar luisteren. Wat ons toevalt, is namelijk een concrete mogelijkheid om Gods Wil aan af te lezen. Daarom moeten we de realiteit serieus nemen. We stoten vanzelf ons hoofd tegen Gods Wil als we de realiteit proberen te ontkennen in haar natuur. Een kanaal graven om het water stroomopwaarts te voeren is tot mislukking gedoemd. Dat is niet de schuld van het water, maar het gevolg van de ontkenning van de realiteit dat water altijd omlaag stroomt. Dit is de zeer realistische keerzijde van een zeer abstracte uitspraak.

In de contingentietheorie gaat het om de vrijheid van de mens, die onberekenbaar is en niet in statistieken te vangen. We kunnen enkel greep krijgen op het leven vanuit de wortels van het bestaan op zijnsniveau vanuit het netwerk van vrije relaties. Dat is een spirituele aanpak.

Snelle vernieuwingen bron van chaos

Het paradoxale feit dat een ongebreidelde vernieuwing zichzelf tegenwerkt, is nog een aspect van chaos. Vaak veroorzaakt de vernieuwing zelf namelijk ook chaos. Een voorbeeld is de snelheid waarmee nieuwe ontwikkelingen tegenwoordig plaatsvinden. Voor de meeste mensen gaan ze veel te snel om te kunnen verwerken.

De onvoorstelbare opkomst van moderne technologieen, de revolutionaire groei van het wetenschappelijk denken, de ingrijpende veranderingen in de maatschappelijke structuren en de onvoorspelbare vooruitzichten van onze macht over leven, dit alles maakt dat de geschiedenis steeds sneller verloopt. De levensduur van vaardigheden, kennis, diensten en producten wordt steeds korter, waardoor er weinig tijd is om iets nieuws op de markt te brengen. Menig bedrijf is hierdoor vastgelopen.

De snelle ontwikkelingen hebben ook de kloof tussen de generaties vergroot. Er zijn snelwegen ontstaan met verkeer van verschillende snelheden, vergelijkbaar met een snelweg waarvan zowel voetgangers, fietsers, bromfietsen, als auto's en racewagens vrij gebruikmaken. Dit beeld van verkeer met verschillende snelheden is vaak het beeld dat het moderne bedrijfsleven vertoont. Het verkeer wordt onberekenbaar en chaos is niet te voorkomen.

Veel ouderen kunnen de snelle opeenvolging van computertechnieken niet meer volgen, terwijl de moderne jeugd daar geen moeite mee heeft. Jonge mensen raken vertrouwd met een nieuwe generatie computerspelen en digitale vaardigheden die niet meer aansluiten op de traditionele leermethoden op school. Scholen kunnen hen daardoor niet meer bereiken, waardoor zelfs de overdracht van kennis chaotisch en onberekenbaar wordt. Deze chaotische toestanden zijn mede het gevolg van de uiteenlopende snelheden waarop generaties vooruitkomen. De chaos wordt alleen maar vergroot doordat een groot aantal achterblijvers de hoge snelheden niet kan bijbenen.

Op het niveau van het doen lijkt de maatschappij of

een organisatie dan een chaos, maar op een dieper niveau kunnen we inzicht krijgen in de wortels van deze hoge snelheden. Dan kunnen we het wezen en de zin van al deze veranderingen herkennen. Dat is het gebied van de spiritualiteit.

De schepping van een eigen cultuur

De vrijheid van de mens heeft nog meer consequenties: hij kan in zijn groep een eigen cultuur scheppen. Die kan etnisch bepaald zijn, als in een stamcultuur, maar ook organisatorisch als een organisatiecultuur. De culturele verscheidenheid die hiervan het gevolg is, heeft in een tijdperk van groeiende mondialisering diep ingrijpende consequenties. Het maakt de zaak in elk geval niet overzichtelijker, wel verwarrender. Naast het grote probleem van chaos worden we geconfronteerd met het probleem dat elke cultuur deze chaos anders ervaart en interpreteert. Iedere cultuur heeft eigen normen om met het toeval om te gaan, om er 'ja' of 'nee' op te zeggen. Iedere internationaal werkende organisatie weet uit ervaring hoe groot de verwarring is die door cultuurverschillen kan ontstaan. Maar ook een nationaal bedrijf kan culturele problemen ondervinden doordat zijn personeel uit verschillende landen afkomstig is. Elk land is cultureel gezien uniek, en ook elke organisatie heeft haar eigen unieke cultuurprofiel. Hoe kan een organisatie greep krijgen op deze cultuurverschillen? Door inzicht te verwerven in de wortels van een cultuur en dat is spiritueel inzicht.

De verscheidenheid aan culturen

De wetenschap is erin geslaagd inzicht te krijgen in de genetische structuur van het leven en daarmee ook een dieper inzicht in het leven zelf. Op fysiek niveau wordt het unieke karakter van een persoon bepaald door zijn DNA-profiel. Dit bestaat bij alle mensen uit dezelfde elementen, maar wel in een unieke samenhang. Dit DNA-profiel toont de zichtbare buitenkant van het leven, de structuur van de hardware.

Zouden we op dezelfde manier ook een structuur van de software, de onzichtbare binnenkant, kunnen maken? Een structuur die voor alle mensen en culturen uit dezelfde grondelementen bestaat, maar voor ieder anders geprofileerd is. Zou zo'n cultureel DNA-profiel te vinden zijn dat uniek is voor elke cultuur? Wat zouden de gemeenschappelijke cultuurvariabelen kunnen zijn?

De antropologische ontwikkeling van de existentiële relatiestructuur

Een van de mensen die zich met zo'n basisprofiel hebben beziggehouden, is Wilhelm Dupré, antropoloog. Hij is op zoek gegaan naar wat hij de primitieve cultuur noemt als de fundamentele oercultuur die alle volkeren gemeen hebben. Als zodanig bestaat ze niet, maar ze is wel het genetisch begin van alle cultuurvormen. Ze vormt hun metafysische grondslag en spirituele bron. Dupré omschrijft deze kerncultuur als leven in gemeenschap, *life communal culture*. Hierbinnen kunnen mensen hun bestaan als mens verwerkelijken nog voordat ze de invloeden ondergaan van verdere ontwikkelingen. Dupré heeft op dit gebied baanbrekend werk verricht.

Binnen deze kerncultuur komen de verborgen fundamentele kernrelaties tot ontwikkeling, nog voordat deze zich verder ontplooien tot de zichtbare cultuurvormen in familieverband. Door deze relaties op het diepste zijnsniveau kan het individu zich als persoon ontplooien en tot zelfbewustzijn komen. Dat begint met de ontdekking van zijn nauwe verwevenheid met de omgeving, met wie het één is.

Vanuit deze eenheid met de omgeving wordt het jonge individu zich bewust van zijn Ik, waarna het in een volgende fase de Jij als de ander ontdekt. In de volgende fase van ontwikkeling overstijgt het individu deze tegenstelling en ervaart het een Wij-gevoel, dat in staat is de polariteit van het Ik en Jij op te lossen in eenheid en harmonie. In dit Wij-besef ervaart het jonge individu een oergeborgenheid, een basisvertrouwen, van de existentiele leefwereld met relaties en tegenstellingen. De jonge mens, die aanvankelijk een tehuis vond in zijn eenheid met de omgeving, ervaart nu zijn thuis in een relatiegeborgenheid van een Wij (zie figuur op blz. 70).

Dit existentiële Wij-tehuis wordt gedragen door een spanningsveld tussen Ik en Jij dat nooit tot rust komt. Het blijft een dialectisch proces tussen de twee polen van Ik en Jij als een spel tussen tegenstelling en harmonie, tussen haat en liefde. Dit fundamentele Wij-tehuis is de basis van innerlijke geborgenheid op zijnsniveau. Het basisgevoel van vertrouwen is een spirituele ervaring die zich van binnenuit als een eigen configuratie ontplooit en die niet van buitenaf door een religieuze opvatting, culturele norm of sociale status wordt opgelegd.

Volgens Dupré volgen deze simpel voorgestelde kernprocessen een zeer complex oerproces van de 'primitieve cultuur' als *life communal culture*. In een latere fase

Het krachtenveld van Ik en Jij opgevangen in het Wij-tehuis

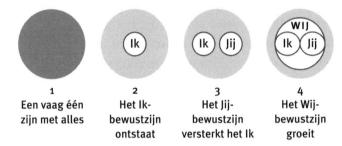

1	2	3	4
Een vaag één zijn met alles	Het Ik-bewustzijn ontstaat	Het Jij-bewustzijn versterkt het Ik	Het Wij-bewustzijn groeit

De ontwikkelingsfasen van de oercultuur

wordt deze oercultuur bedolven onder de grotere culturele netwerken van de omgeving. Dan kunnen de grondtrekken van de primitieve cultuur vervagen, maar in principe blijven ze behouden en komen ze in allerlei varianten tot uitdrukking[9].

Deze primitieve cultuur staat als gemeenschappelijke grondervaring aan de basis van alle culturele ontwikkelingen in hun grote verscheidenheid. Door een spiritueel proces kunnen wij doordringen tot deze culturele zijnservaring, die mensen uit alle culturen kunnen herkennen.

De oercultuur ontstaat in een ontologisch proces dat

zich ook voltrekt op het operationele niveau van organisaties. Ook daar kunnen spanningen ontstaan tussen de basisrelaties van het Ik, Jij en Wij. We vinden dit terug in de spanningen tussen de winstgerichtheid van het Ik, de relatiegerichtheid van het Jij die zichtbaar is in serviceverlening en marketing, en de op het Wij-gevoel gerichte corporate image.

De psychologische ontwikkeling van de existentiële relatiestructuur

De ontwikkelingspsychologie ondersteunt het antropologische inzicht van Dupré langs een andere weg. Het pasgeboren kind doorloopt namelijk hetzelfde primitieve cultuurproces in zijn Ik-, Jij- en Wij-ervaring van relaties. Bij de geboorte is de zuigeling relatieloos en voelt zich geheel gedragen door de omgeving. Met heel zijn lichaam ervaart het pasgeboren kind zijn basale gevoelens van angst en geborgenheid. Deze totaalervaring is de intuïtieve fase van het hart, een innerlijk aanvoelen van zijn leefomgeving. Spoedig ontdekt het kind zijn Ik en het ervaart de kracht ervan wanneer het zijn eigen wil doordrijft. Vervolgens stoot het op de tegenstand van de ander en het ervaart dat een Jij grenzen stelt aan zijn Ik. In de volgende fase overstijgt het kind deze tegenstelling wanneer hij het Wij ontdekt, het gevoel bij elkaar te horen. Uiteindelijk leert het kind te denken en zich objectief-zakelijk op te stellen, los van alle relaties.

Het kind toont in zijn ontwikkeling dus dezelfde cultuurvariabelen van de primitieve oercultuur van Dupré. Het zijn de vijf variabelen van zijn grondervaring als primitieve mentale programmering, te weten het hart, Ik, Jij, Wij en de objectiviteit. Deze basiscomponenten van het bestaan kunnen we als de vijf grondelementen van het culturele DNA-profiel zien. Ze zijn in alle culturen herkenbaar, maar zijn in iedere cultuur op een unieke wijze samengevoegd. Zowel in het antropologische model van Dupré als in de psychologische ontwikkeling van het kind zijn deze spirituele grondelementen van de cultuur te herkennen. Als spirituele begrippen zijn ze analoog, ze worden door alle mensen en culturen beleefd, maar door ieder persoon, elke organisatie en cultuur als uniek ervaren en op een unieke manier ontwikkeld. Een Chinees beleeft het Ik, Jij en Wij anders dan een hindoe of een Nederlander. Door de eigen karakteristieke samenstelling en combinatie van deze vijf culturele grondcomponenten krijgt een bepaald persoon, bepaalde organisatie of cultuur zijn en haar profiel met een eigen karakter en zelfidentiteit en een unieke manier van doen en laten. Dit kunnen we het eigen cultureel DNA-profiel noemen, een karakteristiek cultuurprofiel van een volk of een organisatie.

De wortels van deze kernvariabelen van de cultuur kunnen we alleen met spirituele vaardigheden herkennen. Daarbij is het van groot belang dat ook managers verhalen vertellen aan hun mensen over bepaalde gebeurtenissen of historische feiten. In verhalen komen zowel de rationele als de niet-rationele componenten tot hun recht. In veel culturen worden de culturele kernwaarden dan ook uitgedrukt in sterk spiritueel getinte, mythologische verhalen. Mythische elementen zijn ook te vinden in de grondvisie van organisaties. Hun spiritualiteit komt tot uitdrukking in hun levensverhaal, waarin de relatiecomponenten Ik, Jij en Wij herkenbaar zijn[10].

De bewustwording van existentiële waarden

Dupré wijst erop dat er vanaf het eerste begin in het kind ook een bewustwording plaatsvindt van de diepste spirituele waarden, met name van waarachtigheid. Dit is de basis van elke relatie, want we moeten elkaar kunnen vertrouwen. Dat vereist dat we eerlijk en open zijn voor elkaar, zodat we weten wat we aan elkaar hebben. In een relatie dienen we elkaar voor elkaar waar te maken, de grondervaring van de Waarheid.

Uit deze Waarheid ontwikkelen zich andere waarden. Zo stralen we Goedheid uit, wanneer we aantrekkelijk voor elkaar zijn en elkaar als vrienden ervaren. Door een relatie aan te gaan worden we met elkaar verenigd in het Wij. Dan ervaren we Eenheid als een diepe geborgenheid in vriendschap, maar ook in samenhang met de omgeving, de omringende natuur. Deze drie zijnswaarden (Waarheid, Goedheid en Eenheid) zijn met elkaar verweven. Samen zijn ze aantrekkelijk en stralen ze Schoonheid uit, die ons rijk en gelukkig maakt en een diepe innerlijke vreugde schept. Het leven is zinvol, we hebben er zin in.

Deze grondwaarden vormen geen eindtoestand van rust, maar zijn een vorm van leven dat steeds in ontwikkeling is om nieuw te blijven. Stilstand in de groei betekent doodgaan. Op dit diepste bestaansniveau heerst een rijkdom aan levenswaarden in wording met potentiele mogelijkheden die we steeds opnieuw moeten activeren. Ik kom later terug op deze existentiële zijnswaarden.

Op zoek naar de architectuur van een vernieuwende organisatie

Een op vernieuwing ingestelde organisatie zou gebruik moeten maken van de mogelijkheden die in de chaos verborgen liggen. Dat zijn onder andere vrijheid en een culturele rijkdom aan relaties en zijnswaarden. Een organisatie die uitgaat van statische structuren, is hiertoe niet in staat. Hoe ziet een organisatie eruit die binnen deze chaotische wereld wel iets nieuws tot stand kan brengen? Daarvoor hebben we een ondernemingsarchitectuur nodig die niet alleen structuur biedt, maar ook ruimte schept voor de chaos. Die zou bezield moeten worden door een dieper inzicht in het zijnsniveau van het bestaan van de organisatie, waar orde en chaos nog één zijn.

Een zoektocht naar een nieuwe ondernemingsarchitectuur

Om een idee te geven van de richting waarin we de nieuwe ondernemingsarchitectuur dienen te zoeken, noem ik het voorbeeld van de in 2005 overleden leider van het Philips-concern, Frits Philips. Hij trok grote aandacht als vernieuwende ondernemer. Op de vraag wat hij als uitgangspunten van zijn ondernemingsbeleid hanteerde, antwoordde hij kort en bondig: 'Ik zie de onderneming als een samenlevingsverband, waarbinnen de mensen streven naar inkomen, naar maatschappelijke status en bevrediging van het verlangen deel te hebben aan een taak die de moeite waard is en inhoud geeft aan het leven.'

Uit deze heldere gedachtegang straalt een spirituele kracht die als bezieling kan dienen voor een organisatiearchitectuur met niet alleen een sterke structuur, maar ook ruimte voor vrijheid, zingeving en vriendschap. Er is plaats voor het Ik, Jij en Wij en ook voor de spirituele grondwaarden Waarheid, Goedheid, Eenheid en Schoonheid. Deze visie krijgt gestalte in de organisatiecultuur van Philips, en komt tot uiting in de combinatie van eerlijkheid, hard werken, houding van 'doe maar gewoon' en geloof. Marcel Metze, biograaf van Frits Philips, noemt hem een uiterst zachtmoedig en vriendelijk mens. Hebzucht, egoïsme en inhaligheid, die in de jaren tachtig ontstonden als bijverschijnsel van het keiharde kapitalisme, waren hem vreemd. Frits Philips wordt een schoolvoorbeeld genoemd van iemand die een groot concern kan leiden met een menselijk gezicht. Een 'mensen-mens' met een absurd gevoel voor humor werd hij genoemd. Dertig jaar lang was hij de steun en toeverlaat van de raad van bestuur van Philips. Tussen zijn aantreden op 1 december 1930 en zijn vertrek op 1 juni 1971 groeide het concern van 141.000 medewerkers tot 367.000[11].

Een ander voorbeeld waarmee ik de vernieuwingsarchitectuur wil illustreren, komt uit het Nederlandse bankwezen, financieel adviseur en bankier Hok Kwee. Deze beschrijft hoe hij vanuit zijn spirituele inspiratie op menselijke wijze omgaat met de harde realiteit van budgetplanning, financiële analyses, hypotheek, pensioenbeleid, belasting, bankzaken en de vaak mensonvriendelijke wetgeving: 'Breng je eigen levensdoel in beeld en richt op die manier je eigen persoonlijke welvaart in. Alleen op die manier kan je anderen laten delen in jouw welzijn. En welzijn delen in het klein is een zaadje voor welzijn in het groot. Zo zouden we de wereld kunnen verbeteren. Als dat een beetje is gelukt, is er wellicht een stukje tevredenheid die je meeneemt als je afscheid neemt.'[12]

Hok Kwee gaat in zijn beleidsvisie uit van een programma in drie stappen: wat wil ik, wat kan ik en wat zou ik nog kunnen. Kortom: wat wil je en wat verlang je? Maak een keuze en zet je ervoor in. Dit diepe verlangen als bron van inspiratie is volgens Hok Kwee een spirituele kracht voor vernieuwing in moeilijke tijden en daarom dienen we dat in bedrijven in te bouwen.

De kwetsbaarheid van vernieuwingen zonder spirituele verdieping

Er zijn weinig ondernemers die de noodzaak van vernieuwing ontkennen, maar er zijn er vele die teleurgesteld zien dat vernieuwingen mislukken. Oorzaak is vaak gebrek aan spirituele bezieling. Ondanks hun goede bedoelingen mislukken hun pogingen tot vernieuwing door hun eenzijdige aanpak. Verschillende auteurs wijzen op deze valkuil. Ik beperk me tot Van Peursen en Broekstra.

Van Peursen wijst vanuit een culturele invalshoek op het grote gevaar dat opdoemt wanneer bedrijven met chaos werken zonder spirituele diepgang. Hij wijst erop dat mondiaal denkende organisaties zich nog vaak beperken tot het westers rationele denken en geen rekening houden met de inzichten van andere, niet-westerse culturen die meer spiritueel zijn ingesteld. Zulke culturen hebben vaak meer inzicht in en gaan vaak anders om met de complexe, chaotische werkelijkheid. Daarom zal een mondiale organisatie die serieus rekening wil houden met de multiculturele diversiteit, spiritueel inzicht dienen te hebben en open dienen te staan voor de geestelijke rijkdommen van andere culturen.

Broekstra wijst op een andere eenzijdigheid, namelijk spirituele vernieuwing die zich beperkt tot een deelgebied. Wil de vernieuwing effectief zijn, dan zal ze heel de organisatie als een verdiepend proces dienen te bezielen en de volledige ondernemingsarchitectuur op alle niveaus dienen te inspireren.

Broekstra onderscheidt drie niveaus van organisatievernieuwing: operationeel niveau, organisatieniveau (cultuur) en zijnsniveau. In het algemeen krijgen vernieuwingen op het operationele niveau van het doen de meeste aandacht, terwijl deze juist minder te ordenen zijn. Meer aandacht dient te gaan naar de twee diepere niveaus, omdat daar de werkelijke vernieuwing kan plaatsvinden. Zo kunnen zich op het diepere niveau van de organisatiecultuur nieuwe waarden ontwikkelen die een ethische vernieuwing in gang kunnen zetten. Uiteindelijk dient het proces zich te verdiepen tot het diepste zijnsniveau van het bestaan van de organisatie met haar spirituele processen. Vanuit dit niveau kunnen de werkzaamheden op het doeniveau transparant worden voor een spiritueel inzicht van vernieuwing[13].

De gelaagdheid van een ondernemingsarchitectuur

Een vernieuwende organisatie zal uit een architectuur moeten bestaan waarin naast een sterke structuur ruimte is voor chaos en daarmee voor spiritualiteit. Zoals Broekstra het stelt, er dient plaats te zijn voor een inspiratiebron voor de organisatie, de corporatieve ziel. De architectuur van een organisatie is een levende werkelijkheid, die haar leven put uit een levensbron, zoals elk levend organisme. Een organisatie heeft ook zo'n bron nodig. Schematisch kunnen we deze architectuur voorstellen als een drievoudige gelaagdheid waarvan de niveaus niet van elkaar te scheiden zijn, maar wel te onderscheiden, namelijk de hardware, de orgware en de software. Elke organisatiecultuur kent deze gelaagdheid. Een voorbeeld kan dit verduidelijken.

Als Ford ervan droomt dat elke Amerikaan over een auto beschikt, is dit de uitdrukking van zijn diepste verlangen en zijn grootste ideaal. Zijn droom wordt de nietrationele grondinspiratie en visie van de Ford-onderneming, de software. Het is de 'zachte' binnenkant van de organisatiecultuur van Ford met haar uiteenlopende sociale, psychologische, culturele, religieuze en spirituele processen, die in haar kracht en rijkdom moeilijk in begrippen te vatten is.

Ford deelt zijn visie met vrienden die met hem samenwerken om dit ideaal te realiseren en te organiseren. Dit is het organisatieniveau van Fords visie, de zogenaamde *organizationware*, kortweg *orgware* genoemd, deels rationeel en deels niet. Op dit niveau gaat het om de unieke manier van samenwerken om het collectieve ideaal van Ford te verwezenlijken.

Als laatste fase krijgt Fords ideaal een concrete, zichtbare en begrijpelijke structuur met een duidelijke, rationeel geformuleerde doelstelling. Deze ondernemingsstructuur dient een efficiënt en effectief beleid mogelijk maken om het ideaal van Ford te realiseren. Dit is de 'harde' buitenkant, de hardware, die rationeel verantwoord is, zichtbaar en duidelijk van opzet.

Het diepste verlangen van Ford om het welzijn van zijn volk te dienen met een auto is een geestelijke inspiratiebron op het niveau van het doen (Being), dat uiteindelijk productief wordt op het niveau van het doen

(Doing). Omgekeerd wordt in de bedrijfsspiritualiteit van Ford deze productie voortdurend gezien in het licht van Fords diepste geestelijke visie, een contemplatie van een ideaal op zijnsniveau in de activiteiten van het bedrijf op doeniveau. Door de schaalvergroting is ook bij Ford de diepe geestelijke grondinspiratie van de software echter verzwakt en wordt er steeds meer aandacht besteed aan de hardware.

Een ander beeld kan de onzichtbaarheid van de levensbron verduidelijken. Op het meer dobbert de waterlelie met haar schoonheid op het wateroppervlak. Het spirituele inzicht kan echter door het water heen haar wortelstelsel op de bodem van het moeras zien, de plaats waar de lelie haar rijkdom van leven uit put.

De gelaagdheid van een organisatie is te verduidelijken aan de hand van de gelaagdheid van het menselijk wezen zelf. Lichamelijk worden we gedragen door de structuur van een skelet en een schedel. De kracht en samenhang daarvan kunnen we mathematisch berekenen en zonodig kunnen we die herstellen met kunststof of metaal. Dat is onze hardware, die dood is maar ook leeft, want ze groeit.

Deze hardware schept een ruimte voor de organen, waarvan de werking nog niet geheel is doorgrond door de wetenschap. Wel is duidelijk dat alle organen nauw met elkaar samenwerken. Zo kan een hartkwaal een te hoge bloeddruk veroorzaken en een hersenbloeding, kan een nieraandoening in alle andere organen storingen veroorzaken en zelfs mijn geestelijk gedrag beïnvloeden. Al deze organen vormen mijn orgware, deels bekend, maar grotendeels ook niet inzichtelijk.

Hoe volmaakt ons lichaam met zijn skelet en organen ook is, onze aantrekkelijkheid valt weg als we dood zijn. Het is onze bezieling die ons in staat stelt te lachen of te huilen, lief te zijn of haatdragend, aantrekkelijk te zijn of niet. Ons leven wordt menselijk leven met een geestelijke kracht door onze software waar niemand volledig inzicht in kan hebben en die we zelf vaak niet kunnen kennen.

Het is deze gelaagdheid van hardware, orgware en software die ons kan helpen de architectuur van een vernieuwende organisatie beter te begrijpen. Vanzelfsprekend is er een duidelijke structuur nodig om de chaos te ordenen, het fundament van het gebouw waarin iets gepresteerd moet worden en winst moet worden gemaakt. Ook dient een organisatie open te zijn tegenover de omgeving, die door haar onberekenbaarheid een bron is van chaos maar mede de kwaliteit van leven bepaalt. Naast deze hardwarestructuur zijn er ruimtes nodig voor de software, ruimtes voor zingeving, vrijheid en bezieling, voor levensvreugde, verlangens en creativiteit. Ook de corporatieve bezieling op het zijnsniveau, dient een plaats te krijgen in het gebouw.

De interacties tussen de harde zakelijkheid op zoek naar winst en de zachte menselijkheid op zoek naar zingeving en levensvreugde wordt met behulp van de orgware ontwikkeld tot een vorm van samenwerking. Daarvoor is een juiste ruimte-indeling nodig zodat er menselijk verkeer kan ontstaan met verschillende snelheden, verschillende culturen en verschillende idealen.

Er dient een organisatiecultuur te zijn waarin vooral ook de software met haar spirituele grondwaarden kan gedijen. Ze moet een eenheid van samenhang scheppen, alles inzichtelijk maken door haar waarheid, aantrekkelijk maken door haar goedheid en vreugde scheppen door haar schoonheid. Ook hoort ze ruimte te scheppen zodat mensen hun Ik kunnen ontplooien naast het Jij van andere culturen, karakters en achtergronden en de omgevende natuur. Op die manier wordt er een geborgenheid geschapen die als tehuis van het Wij kan dienen. In deze architectuur krijgen de drie P's hun volle aandacht, people, planet, profit.

Het belang van de spiritualiteit

De architectuur van vernieuwende organisaties zoals hiervoor geschetst, kan niet zonder spirituele ruimte voor de geestelijke vernieuwingsprocessen. Ofschoon er over de individuele spirituele ontwikkeling rijkelijk veel geschreven is, krijgen de spirituele processen in organisaties nog weinig aandacht. Ik doel op de existentiële ervaring, waardoor de activiteiten, het denken en doen binnen de organisatie transparant worden en hun diepste zin duidelijk wordt. Het is een verinnerlijkingsproces dat wezenlijk spiritueel van aard is, ofschoon we ons hiervan niet altijd bewust zijn. Om dit proces te kunnen sturen hebben we spirituele competenties nodig die ons in staat stellen in het handelen tegelijkertijd zijn diepste zijnsgrond te aanschouwen. Het is een vorm van contemplatie die de grondvisie op het zijnsniveau als inspiratiebron van alle activiteiten herkent.

Spiritualiteit als een verinnerlijkingsproces

Alle spirituele richtingen gaan uit van verinnerlijking, bewustwording van de diepere lagen van het bestaan tot op het zijnsniveau. Dit eindpunt is echter een ideaal dat we nooit bereiken, omdat het bewustwordingsproces zich voortdurend verdiept en nooit ophoudt. Om grip te krijgen op dit proces hebben we veel aan het baanbrekende werk van Dee Hock met zijn chaordische model van organisaties, dat zowel rekening houdt met de chaos als met de ordening. Zijn belangrijkste verdienste is echter dat hij wijst op het belang van de spirituele competentie. Jammer genoeg gaat hij hier niet verder op in. Ignatius van Loyola, stichter van de Jezuïetenorde, deed dit wel.

Reeds in de zestiende eeuw wijst Ignatius op de chaos als de grootste weerstand bij vernieuwing, maar hij benadert deze chaos vooral van binnenuit, vanuit onze eigen innerlijke ervaring. Volgens hem kunnen we onmogelijk de weg vinden in de chaos buiten ons zolang wij de chaos binnen in ons niet onder controle hebben. Daarom dienen we als eerste stap op weg naar vernieuwing aan onze innerlijke chaos te werken en daar ordening in aan te brengen.

Deze innerlijke chaos is vooral het gevolg van wat Ignatius noemt de 'ongeordende gehechtheid'. Daarmee bedoelt hij dat we ons door uiteenlopende invloeden en bewegingen van buiten laten leiden zonder te letten op het belang en de waarde ervan. Het zijn onze vooroordelen, onze behoefte aan macht en rijkdom, ons verlangen naar genot en hebzucht, alles even chaotisch door elkaar lopend. Om deze chaos in onszelf onder controle te krijgen dienen we onszelf voortdurend te trainen met de Geestelijke Oefeningen die bedoeld zijn 'om zichzelf te overwinnen en zijn leven te ordenen, zonder zich te laten leiden door een ongeordende gehechtheid' [GO 21]. Wanneer we de chaos in onszelf niet ordenen, is er volgens Ignatius geen spirituele verinnerlijking mogelijk waarmee we de chaos van de externe omgeving het hoofd kunnen bieden.

Ignatius staat niet alleen in zijn opvatting, talrijke spirituele scholen met hun zen, yoga, en andere trainingen beogen dezelfde ordening van de chaos. Een onge-structureerd innerlijk zal chaotisch reageren op een onvoorspelbare situatie en in paniek raken. Voor een spirituele verinnerlijking dienen we ons eigen innerlijk te structureren. Een komisch voorbeeld kan dit illustreren.

Een vrouw uit een hoogstaand sociaal milieu beschikt over de luxe van een badkuip naast haar slaapkamer. Wanneer ze op een morgen nog ongekleed zingend uit de badkuip haar kamer binnenstapt, is er juist een glazenwasser aan het werk. De vrouw verstijft van schrik en kan geen woord uitbrengen. Door het open raam vraagt de glazenwasser rustig: 'Mevrouw, heeft u nooit een glazenwasser aan het werk gezien?'

De vrouw komt vanuit een nog chaotisch innerlijk in een niet voorspelbare omgeving en raakt daarom in paniek. Eenzelfde paniekreactie kunnen we verwachten bij een innerlijk ongestructureerde manager die in paniek raakt bij onvoorziene gebeurtenissen. Door ons innerlijk te ordenen kunnen we een spirituele diepgang verkrijgen waarmee we dergelijke verrassingen het hoofd kunnen bieden.

Evenals Dee Hock gaat ook Broekstra dieper in op de spirituele rijkdom van de chaotische complexiteit. Van Peursen doet hetzelfde vanuit zijn culturele invalshoek. Beiden zoeken de verinnerlijking om tot vernieuwing te komen, Broekstra zoekt een verinnerlijking tot op het niveau van het zijn, Van Peursen een culturele verinnerlijking. Deze verinnerlijking beweegt zich op twee niveaus, als spirituele competentie en vaardigheden op individueel vlak en als corporatieve spiritualiteit op corporatief niveau.

Spiritualiteit is dus geen aandachtsveld dat zich tot

de religie beperkt, ze is een algemeen menselijk fenomeen dat voor iedereen toegankelijk is. Iedere mens kan zijn spirituele mogelijkheden op het diepste bestaansniveau ontwikkelen en tot een krachtige levensbron maken voor vernieuwende inzichten. Iedere organisatie kan als een gemeenschap van mensen een corporatieve persoonlijkheid vormen die zich spiritueel voedt vanuit deze existentiële bronnen van haar bestaan.

Spirituele competenties en vaardigheden

Willen bedrijven spirituele competenties en vaardigheden ontwikkelen, dan zal het management zich bewust moeten worden van spirituele ervaringen en deze operationeel moeten maken. Is de spirituele gevoeligheid, die we van managers verwachten, aangeboren of moeten we haar aanleren? Reeds eerder heb ik aangetoond dat iedere mens uit zijn spirituele natuur kan putten, maar jammer genoeg is niet iedereen hiermee vertrouwd. Om weer toegang te krijgen tot die spirituele natuur zijn er talrijke technieken ontwikkeld vanuit zeer uiteenlopende esoterische en religieuze scholen. Hierover zijn veel publicaties verschenen, die ook de managementwereld in beweging hebben gebracht. Zo stelde CNV-bestuurder Lizelotte Smits in 2005 voor in de CAO vast te leggen dat een werknemer recht heeft op twintig minuten meditatie per dag. Deze aandacht voor het individuele geestelijk welzijn is lofwaardig en zal zeker bijdragen tot de vernieuwing van organisaties. Opmerkelijk is ook het bericht in *HP/De Tijd* van januari 2006: 'Spiritualiteit heeft een voet tussen de deur gekregen bij de overheid. Onderzoek leert dat ambtenaren graag werktijd en geld besteden aan spirituele activiteiten. *HP/De Tijd* vond een dozijn trainers die niet alleen bedrijven en lokale of regionale (semi)-overheidsinstellingen hebben bediend met spirituele trainingen, workshops en cursussen, maar ook Haagse departementen.'[14]

Spiritualiteit als een ervaringsproces

Bij spiritualiteit gaat het niet om verstandelijk inzicht maar om een innerlijke ervaring die alles van binnenuit benadert. Dit is een intuïtieve openheid die kan zien en luisteren naar nieuwe kansen en mogelijkheden zonder hierbij door ongewilde elementen te worden belemmerd. Het is kenmerkend dat het begrip intuïtie is afgeleid van het Latijnse *intueri*, van binnenuit zien. Spiritualiteit betekent geraakt worden door nieuwe ontmoetingen en een relatie aangaan met wie of wat ons tegemoetkomt.

Ervaren heeft ook iets te maken met lijden, met pijn, want wie zich op de weg van vernieuwing begeeft, moet bereid zijn iets te wagen en risico's te nemen. Het Griekse woord voor ervaren, *empeiros*, is afgeleid van *peira*, poging, risico. Het Latijnse woord voor ervaring is *experientia* in de betekenis van proberen, zich met iets inlaten, beproeven, strijden. In de *experientia* vragen we ons af wat ons overkomt en wat het betekent. We zijn pas tot zo'n fijngevoeligheid in staat als we de chaos binnen in ons weten te structureren en dat vereist een voortdurende training.

Innerlijk ervaren is een voortdurend verdiepend leerproces dat we op verschillende manieren kunnen ontwikkelen, door workshops, oefeningen, coaching, en dergelijke. Het innerlijk inzicht dat we zo verwerven, is van groot belang om besluiten te kunnen nemen, hoofd- en bijzaken te kunnen onderscheiden, goede keuzes te kunnen maken en ons bewust te worden van de levende kernvisie van een organisatie. Innerlijk inzicht kan ons helpen in crisissituaties, bij fusies en andere ingrijpende veranderingen, bij vragen van interculturele samenwerking, of andere kwesties waar geen duidelijk redelijk inzicht mogelijk is. Het is niet alleen van groot nut voor het eigen multiculturele management, maar ook voor de samenwerking met organisaties uit andere landen en culturen. Culturen zijn vaak diep geworteld in een eigen spirituele traditie met een eigen kijk op de chaos.

Corporatieve spiritualiteit

Ook bij corporatieve spiritualiteit gaat het niet enkel om denkprocessen, maar om een verinnerlijkingsproces als een 'dialectiek van doen en denken die als het ware steeds dieper binnengaat in de corporatieve ziel'[15]. Uit die corporatieve ziel, zoals Broekstra dat uitdrukt, kan een organisatie haar sterkste kracht van vernieuwing putten. Deze benadering is geen theoretische aanpak, maar gaat uit van een ervaring en een bepaalde manier van doen.

Ik heb gewezen op het onderscheid tussen individuele en corporatieve spiritualiteit. De ontwikkeling van een corporatieve spiritualiteit is niet voorbehouden aan religieuze instituten, ze hoort tot het wezen van elke organisatie. Hebben spirituele competenties betrekking op vaardigheden met een individueel karakter, bij de corporatieve spiritualiteit gaat het om de groep als zodanig met haar eigen unieke organisatiecultuur. Een organisatie wordt altijd gedragen door mensen die samen een corporatieve persoonlijkheid vormen. Die is geworteld in de eigen geschiedenis van de organisatie met een eigen geestelijke ontwikkeling.

Organisatiespiritualiteit wordt bepaald door haar leiderschap

Succesvolle bedrijven brengen vaak al een spirituele instelling in praktijk zonder dat ze zich hiervan bewust zijn. Die instelling wordt vooral bepaald door het leiderschap dat een spirituele verdieping in de organisatiecultuur tot stand weet te brengen en een corporatieve ziel weet te ontwikkelen. Deze diepgang is echter vaak ongrijpbaar en moeilijk hanteerbaar, omdat men nog niet over de benodigde instrumenten en spirituele competenties beschikt om hem gericht in te zetten. Vaak blijft hij ook beperkt tot een vorm van individuele spiritualiteit. Vooral familiebedrijven worden gevoed door een sterke familiespiritualiteit, die veelal wortelt in een religieuze traditie.

Iedere corporatieve spiritualiteit is uniek en wordt het sterkst bepaald door haar bedrijfsgeschiedenis en leiderschap. Ondanks de verschillen tonen spiritueel geïnspireerde leiders ook gemeenschappelijke trekken. Ze kunnen in hun bedrijf houvast bieden en echt wijze mensen zijn zonder een hoge opleiding te hebben genoten. In crisissituaties stralen ze een grote zekerheid uit en ze kunnen hun mensen motiveren en inspireren. Men vraagt zich vaak af waaruit ze hun kracht putten. Op de een of andere manier hebben ze een geestelijke kracht ontwikkeld waar ze gebruik van weten te maken. De geschiedenis toont vele voorbeelden van zulke bedrijfsleiders die door een bekeringsproces van radicale vernieuwing een paradigmaverschuiving tot stand brengen.

Spiritualiteit van organisaties is geen vanzelfsprekend begrip. Pas na een evolutieproces van ruim vier eeuwen bereiken we nu het punt waarop organisaties spiritueel ontwaken. In de loop van die vier eeuwen zijn er allerlei organisatievernieuwingen tot stand gekomen met elk hun eigen karakter. Verandering van de omstandigheden hebben telkens weer tot een paradigmaverschuiving geleid waardoor organisaties in de loop van de decennia steeds menselijker en spiritueler zijn geworden. Toch blijven ook de oude vormen bestaan, tot in onze moderne tijd. Door de ontwikkelingsfasen van spiritualiteit te vergelijken kunnen we een beeld krijgen van het unieke karakter van de organisatiespiritualiteit.

De gesloten spiritualiteit van machineorganisaties

De organisaties die in de zestiende eeuw ontstaan, volgen een machinemodel, dat zich ontwikkelt tot bureaucratie en militaire organisatie. Deze machineorganisatie ontstaat uit bewondering voor de grootsheid van de schepping waar de hemellichamen zich in een geordende regelmaat bewegen. De horlogemaker ziet in de schepping het modelbeeld van de goed lopende machinerie waar alle onderdelen op elkaar zijn ingesteld.

Descartes brengt met zijn analytische methode deze regelmaat tot mathematische helderheid zonder te beseffen dat hij daarmee het leven verknipt en vernietigt. In en na de zestiende eeuw zijn vooral de exacte wetenschappers aan het woord. Zij doen hun best de onbegrijpelijkheid van de fysische processen te structureren en te ordenen door ze in kleine stukken te knippen. Voor het leven is geen plaats en het geestelijk karakter van de mens valt buiten hun gezichtsveld. Ze reduceren de mens tot onderdeel van een goed lopende machineorganisatie en maken hem tot robotmens zonder vrijheid. Alleen op die manier is alles te ordenen, te organiseren en onder controle te houden.

Hun spirituele ideaal is eenzijdig gebaseerd op de regelmaat en ordening van het doeniveau. Ze beperken zich tot de hardware van de organisatie en houden het systeem gesloten om zoveel mogelijk storende invloeden van buiten uit te sluiten. Daarin zijn ze goed geslaagd. Dit model is ideaal voor doeners binnen een bepaalde beslotenheid zoals de bureaucratie en de militaire organisatie. Ook voor de kerk is het een bruikbare organisatievorm om de gelovigen te ordenen volgens de normen van het geloof. Dit systeem is betrouwbaar zolang de situatie niet verandert en de mensen geen gebruik maken van hun vrijheid. Het leiderschap in dit model is gericht op effectieve controle van standaardgedrag en reglementering van de menselijke vrijheid. De spiritualiteit die bij dit model past, bestaat uit rigoureuze ascese die gericht is op disciplinair gedrag.

De open spiritualiteit van levende organisaties

Als reactie op het onmenselijke gesloten machinemodel ontstaat een paradigmaverschuiving wanneer de bioloog Von Bertalanffy in 1930 zijn theorie over open systemen publiceert. Hij ontdekt dat levende organismen interacties ontwikkelen met hun levensmilieu en dat ze daarbij een groot aanpassingsvermogen tonen. Ze weten gebruik te maken van toevallige kansen en mogelijkheden, en dat blijkt elk levend wezen op zijn eigen unieke manier te doen. Elk levend systeem is contingent en deze toevalligheid toont een eigenheid met een eigen, eenmalige karakteristieke configuratie. Het systeem ontwikkelt uit zichzelf van binnenuit nieuwe eigenschappen die niet van buitenaf worden geprogrammeerd. Het zijn unieke *emergent properties*, van binnen uit opgekomen eigenschappen. Het lijkt alsof alles een spel is van het toeval. Dit open systeem van levende organismen wordt een inspiratiebron voor organisatiedeskundigen die gaan schrijven over 'levende organisaties' naar het voorbeeld van de levende organismen.

Reeds eerder begon een andere opmerkelijke ontwikkeling toen Haeckel in 1866 ontdekte dat alle levende organismen op aarde een levensgemeenschap vormen met een kringloopproces van leven. Hij beschrijft deze aardse huishouding als een ecologisch systeem. Ook zijn inzichten werken inspirerend op de organisatiedeskundigen. Zij werken de open modellen van Von Bertalanffy en Haeckel uit tot een zogenaamd ecologische model dat zich ontwikkelt tot een netwerkorganisatie. Zo'n organisatie, die wordt gekenmerkt door openheid voor de omgeving, interactie met de levende omgeving en een levenscyclus van geboorte, dood en nieuw leven, schept veel mogelijkheden voor vernieuwing. Het organisatiedenken is op interactie gericht, net zoals bij de levende organismen, wat een belangrijke spirituele kracht schept die ook openstaat voor de energie uit het milieu. Netwerkorganisaties blijken goed in staat zich in crisissituaties staande te houden en te vernieuwen.

De spirituele bewustwording van organisaties

Het ecologische netwerkdenken krijgt een nieuwe impuls door de ontdekking van de neurologen Ross Ashby en McCulloch. Zij tonen aan dat de hersens werken als een cybernetisch systeem van informatieprocessen. Hersens blijken over een holografisch karakter te beschikken, oftewel, elke cel is in staat alle informatie van het hele systeem op te slaan en te verwerken. Wanneer bepaalde delen van het systeem wegvallen, kunnen andere cellen daardoor hun functie overnemen. Daarnaast blijken hersens een overcapaciteit aan interactiemogelijkheden te hebben, zodat slechts een klein gedeelte van hun vermogen wordt belast. Ze zijn daardoor erg flexibel en beweeglijk, een ideale toestand voor creativiteit.

Dit model van de hersenen wordt voor de organisatiekunde een beginpunt voor het onderzoek naar het bewustzijn van de organisatie, de software van een bedrijf. Zo introduceert Geert Hofstede in 1992 het begrip *software of the mind*, waarbij hij vooral de cultuur op het oog heeft. De fysicus Fritjof Capra benadrukt vanuit zijn oosterse denken het mystieke karakter van kennis. Hij slaagt er echter niet in zijn mystieke inzichten te integreren in rationele kennis van de realiteit. Ook de medicus Deepak Chopra ontwikkelt een diepgaande spiritualiteit voor het leiderschap. Het Japanse denken gaat een stap verder en stelt vanuit zijn animistische geloof dat alles bezield is. Het maakt deze animistische spiritualiteit bruikbaar voor organisaties door erop te wijzen dat een product gastvrijheid moet bieden aan de ziel van de klant, hij moet zich erin thuis voelen, het gastvrijheidsmanagement.

Door al deze ontwikkelingen ontstaan er organisatiemodellen met een steeds duidelijker menselijk gelaat en een steeds dieper spiritueel karakter. Er komt steeds meer ruimte voor het spirituele hart van een organisatie[16].

Organisatievormen vanuit een spirituele inspiratie

Na dit summiere historische overzicht van de ontwikkeling van organisatiespiritualiteit belicht ik nu enkele concrete voorbeelden. De vernieuwing van organisaties verloopt trouwens niet als een rechtlijnig historisch proces. In de zestiende eeuw, op het hoogtepunt van het machinemodel, werkt Ignatius van Loyola namelijk al systematisch een spiritualiteit van organisaties uit. Hetzelfde doen de quakers tijdens de industriële revolutie in Engeland in de achttiende eeuw. Ook moderne organisaties zijn zich steeds sterker bewust geworden van het belang van spiritualiteit als inspiratiebron voor vernieuwing. Hierna licht ik enkele organisatiemodellen toe die inspelen op deze behoefte.

Het zero space-concept

Deprez en Tissen stellen de vraag hoe het moderne management aan onze 'organisatiegevangenis' kan ontsnappen. Ze bieden een uitweg met een nieuw concept, de zero space, en belichten daarbij ook de spiritualiteit[17]. Bij dit model gaan de twee auteurs uit van de volgende uitgangspunten:

- Doorgrond de complexiteit van de hedendaagse organisaties en toon hoe ze het succes voortdurend tegenwerken.
- Stel vooropgezette ideeën en concepten over de succesfactoren van een organisatie ter discussie.
- Beperk u niet tot lapwerk bij het oplossen van organisatorische vraagstukken, en concentreer u op de architectuur van de organisatie.
- Ontwerp een organisatorische benadering die bij de onderneming past.

De uitgangspunten van dit zero space-model vormen een spirituele basis voor een nieuwe organisatiearchitectuur waarin ook plaats is voor spiritualiteit. Toch gaan Deprez en Tissen niet radicaal genoeg in op de wortels van deze spiritualiteit van de zero-ruimte op het niveau van het zijn.

De ecocyclus van organisaties

Hurst verduidelijkt een spirituele aanpak van organisaties aan de hand van de ecocyclus en vergelijkt die met het leven van een bos[18]. Naarmate het bos ouder wordt verdicht het zich, de onderlinge banden van planten en dieren worden steeds strakker. De grote bomen met een breed bladerdek domineren alles en beperken de mogelijkheden voor vernieuwing. Ze worden echter gevoelig voor ziekte, gaan dood en het dode hout verbrandt door een bosbrand. Dit is het einde van het bos. Op de kale plek komen in korte tijd pioniers met een groot scheppingsvermogen op die een plaats veroveren en er ontstaat er een nieuw ecosysteem. Na de bosbrand ontwikkelt zich zo een jong en levenskrachtig bos met ruime mogelijkheden voor vernieuwing. Hurst noemt de bosbrand 'creatieve destructie', een vernietiging die tot vernieuwing leidt door de cyclus leven, dood, nieuw leven.

Dit verhaal van een bos kunnen we ook vertellen als het verhaal van een organisatie. Ze komt tot bloei, verstart en wordt door een bosbrand vernietigd. Op de lege plekken komen pioniers op die leiden tot vernieuwing. Ze worden groot, verstarren en er komt weer een bosbrand. De geschiedenis herhaalt zich als een ecocyclus van wedergeboorte en vernieuwing.

De ecocyclus is een vernieuwende dynamiek met op- en neergang, met crisis en opleving. Het begin wordt ingezet door creatieve, innovatieve en spontane pioniers die van de mogelijkheden van het uitgebrande bos gebruikmaken om iets nieuws te scheppen. Na een succesvolle bloei willen deze vernieuwers de prestaties op peil houden door redelijke planning, maar hierdoor ontstaat juist een terugval die leidt tot verstarring en bosbrand. Na deze crisis kan er een ommekeer, een soort 'bekering', plaatsvinden waardoor vernieuwing door pionierswerk mogelijk is. Zo'n bekering staat gelijk aan een spirituele ommekeer, waarbij er een paradigmaverschuiving optreedt waardoor ook de organisatie weer tot nieuw leven kan komen.

In dit ecomodel staat de crisis centraal. De crisis is zelfs een ideale mogelijkheid om tot ommekeer en spirituele verdieping, oftewel vernieuwing, te komen. Het vermogen crisis te hanteren behoort tot de belangrijkste spirituele competenties.

De quakers

Een voorbeeld van een spiritueel model uit een ander tijdperk zijn de quakers met hun spirituele inspiratie vanuit een religieuze beleving. De beweging stamt uit 1650. Dan sticht predikant George Fox samen met Robert Barclay en William Penn in Noord-Engeland het Genootschap van Vrienden. Vanuit hun religieuze inspiratie en sociale visie weten ze grootscheepse omwentelingen tot stand te brengen op technologisch, wetenschappelijk, sociaal, industrieel en organisatorisch gebied. Deze quakers vormden de kleinste puriteinse sekte in Engeland en maakten slechts 1 procent uit van de totale bevolking.

Hun uiterst radicale instelling, hun simpele levensstijl en hun aantrekkelijke manier van omgang als vrienden brengen veel tot stand. Ze laten hun leven leiden door de spirituele waarden van eerlijkheid, gelijkheid, eenvoud en vrede. Vanuit deze gedachtegang ontwikkelen ze hun spirituele competenties. Ze vallen op door hun eerlijkheid en radicale afwijzing van discriminatie. Hierdoor weten ze meer klanten te winnen dan hun concurrenten. Ze laten zich enkel leiden door hun innerlijk met hun spirituele gevoeligheid en ze wijzen elke invloed van buiten en elke vorm van centraal bestuur radicaal af. Dit gedrag voeren ze zo consequent door dat het hun noodlottig wordt als ze groeien en groter worden. Door de schaalvergroting gaat hun spirituele gevoeligheid verloren en verzwakt de diepgang van hun management. De organisatiestructuur verliest haar kracht en valt uiteen. Uiteindelijk worden de quakerinstellingen verkocht en overgenomen. De Barclays Bank, Lloyds Verzekeringen, Price Waterhouse Accountants, Walter Thomson, British Steel, ICI en Unilever zijn hun erfgenamen. Ze begonnen ooit als quakerbedrijven, maar verloren hun spirituele kracht en flexibiliteit door de grootschaligheid en eenzijdige nadruk op de hardware. Eerlijkheid, eenvoud, gelijke behandeling behoren tot de belangrijkste culturele competenties van deze bedrijven, waardoor ze succesvol de concurrentiestrijd hebben weten te doorstaan en grote winsten hebben weten te boeken.

Het ignatiaanse organisatiemodel

In de 450 jaar oude organisatievisie van Ignatius de Loyola vinden we dezelfde sociale bewogenheid en spirituele kracht terug als bij de quakers. Het grote verschil is dat Ignatius naast idealist ook een sterke realist was. In tegenstelling tot de quakers schept Ignatius naast de sterk gedecentraliseerde samenwerking als vrienden een sterk centraal gezag met een krachtig spiritueel mechanisme van gehoorzaamheid. Zo krijgt zijn organisatiearchitectuur voldoende ruimte voor tegenstellingen binnen een gemeenschappelijke visie. De waarde van het unieke anders-zijn krijgt bij hem grote aandacht als een spel van het toeval. Juist deze toevalligheid van de concrete omgeving wordt voor hem een bron van vernieuwingsinspiratie. Ignatius stuurt het innovatieproces door een sterke rationeel wetenschappelijke benadering en een krachtige spirituele reflectie. Daarnaast schenkt hij grote aandacht aan de culturele verschillen tussen mensen en volkeren, waardoor zijn organisatievisie in vrijwel alle culturen van de wereld wortel kan schieten, zowel christelijke als niet-christelijke.

De waarde van de ignatiaanse organisatievisie ligt vooral in de grote aandacht voor de innerlijke vrijheid en het maken van de juiste keuzes vanuit een spiritueel inzicht in een wereld die door het toeval getekend wordt. Hij ontwikkelt een controlemechanisme om de spirituele diepgang niet verloren te laten gaan en voortdurend bij te stellen en tot vernieuwing te brengen. De business schools van de jezuïeten zijn gebaseerd op deze spirituele competenties voor het bedrijfsleven. Ze vormen een wereldwijd netwerk, the International Association of Jesuit Business Schools.[19]

De netwerkorganisaties

Zowel de quakers als Ignatius hebben hun levensvormen en spirituele vernieuwingsinspiratie via netwerken doorgegeven. Dee Hock, oprichter van de Visa Card, die ik hiervoor al noemde, zet de netwerken vooral in om de spirituele kracht van een organisatie te versterken. Hij put zijn inspiratie uit de hersenfunctie met zijn overmaat aan informatiemogelijkheden en vraagt zich af hoe hij, net zoals de hersens, orde kan scheppen in een chaotische omgeving. Zo komt hij tot het chaordische model als 'een zelforganiserend, adaptief, niet-lineair en compleet systeem, dat biologisch of sociaal van aard is en waarvan het gedrag zich kenmerkt door orde zowel als door chaos. Dit is in de business technologie vrij te vertalen als coöperatie en competentie.'[20]

Met zijn organisatievorm wil Hock de 'robotmens' bekeren en geniaal maken door *mind crafting*. De geniale mens kan vervolgens door zijn genialiteit orde scheppen in de chaos en zo een 'chaord' worden. Deze chaordische bekering maakt de robotmens tot geniaal mens. Het gaat in wezen om een spiritueel bekeringsproces binnen de organisatie als een proces van binnenuit, want Hock gebruikt als voorbeeld een zelforganiserend hersenmodel en heeft het over *'self-emerging management'*. In 1970 schept Hock de Visa Credit Card als een netwerkorganisatie volgens het vage chaordische concept. De onderneming groeit uit zichzelf uit tot een duidelijk *'non-stock membership corporation'*, een collectieve persoonlijkheid met een hersenfunctie en een ecologisch netwerk.[21]

De belangrijkste spirituele competentie is voor Hock het scheppen en gebruikmaken van netwerken.

De culturele organisatie

Ook Van Peursen toont de kracht van de spiritualiteit voor organisaties, maar hij benadert de spirituele openheid vanuit cultureel perspectief. Zijn organisatievisie gaat uit van mondiale openheid als allereerste vereiste voor wereldwijde ondernemingen[22]. Dit vereist culturele interactie die het operationele niveau overstijgt en zich ontwikkelt als een spirituele openheid. Van Peursen illustreert dit aan de hand van een ijsberg. Het topje van de ijsberg is het gebied waarin zich de processen van de uiteindelijke redelijke besluitvorming van een onderneming afspelen. Alle bewegingen die aan deze beslissingen voorafgaan, vinden plaats in het niet te doorgronden gebied onder water, waar de ijsberg voortdurend smelt en bevriest. In dit onzichtbare gebied vinden we de gelaagdheid van de sociale, psychologische, culturele, religieuze en spirituele processen.

Door mondialisering ontstaat er in organisaties een culturele bewustzijnsverruiming, waardoor er nieuwe perspectieven en nieuwe inzichten ontstaan in denkgebieden die het niveau van geld en groei overstijgen en vooral aandacht schenken aan culturele en spirituele waarden. Uiteindelijk zal het denken zich dan verdiepen tot het niveau van het zijn, het gebied van de metafysica en spiritualiteit. Van Peursen werkt zijn gedachte over spiritualiteit niet verder uit, maar wijst wel op het grote belang ervan. De belangrijkste spirituele competentie is voor hem het vermogen om te gaan met culturele verschillen.

De visionaire organisatie

Collins en Porra wijzen op de spirituele kracht van visionaire organisaties. Deze worden gekenmerkt door een langere levensduur, die meerdere generaties van actieve leiders en een veelvoudige levenscyclus van producten kent[23]. Opvallend is dat ze hun mensen niet enkel leren op hun horloge te kijken, maar ook zelf een horloge leren maken. Deze organisaties gaan uit van een sterke organisatievisie met een grote spirituele kracht die vlees en bloed moet krijgen in al hun leiders. Daarom is het van vitaal belang sterk spiritueel gedreven leiderschap te vormen en hun voornaamste zorg is dan ook goed leider-

schap dat de toekomst van een onderneming garandeert.
De architectuur van deze organisaties biedt mogelijkheden voor een samenspel tussen een onveranderlijke kernideologie en een uiterst flexibele praktijk. Er is ruimte voor een dynamisch spanningsveld tussen de onveranderlijke kernwaarden en de zeer veranderlijke praktijk. Meestal gaat het om het spanningsveld tussen winst en een maatschappelijke ideaal.

Deze polariteit is het best uit te beelden door het tao-dualisme van yang-yin. De polen yang en yin moeten in hun tegengestelde kracht behouden blijven en elkaar in evenwicht houden. Het paradoxale karakter van visionaire organisaties is dat ze aan de ene kant door een strikte controle de kernideologie garanderen, maar aan de andere kant de individuele initiatieven en operationele autonomie sterk stimuleren, zie figuur.

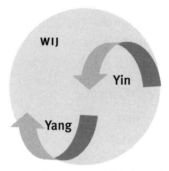

Het TAO systeem met de tegengestelde krachten Yang en Yin.

Chaos bestaat uit toeval en mislukking. De visionaire organisatie werkt vooral met doelgerichte toevalligheden. De sterke visie en het goede inzicht in de chaotische realiteit vormen de twee polen van het dialectische krachtenveld van zulke organisaties. Zo'n organisatievisie is spiritueel van aard en wortelt in het zijn van de organisatie. Visionaire organisaties ontwikkelen hun spirituele kerncompetentie vooral door hun spirituele leiderschap.

De Japans animistische spiritualiteit

De Japanse cultuur put haar spirituele inzicht uit een andere geestelijke krachtbron, het animisme. In deze cultuur is alles bezield. Een organisatie die zich baseert op deze animistische spiritualiteit, is het Mitsui-concern. Het was honderden jaren lang een zeer welvarende onderneming met een sterke spiritualiteit. Na de Tweede Wereldoorlog wordt ze door generaal Mac Arthur geheel ontmanteld. Vreemd genoeg weet ze na de jaren vijftig, als het verbod is opgeheven, opnieuw tot leven te komen als een machtig bedrijf dat volgens hetzelfde inspiratiepatroon tot volle bloei weet te komen. Hoe is dit verklaren?

Uit de ontwikkelingen van Mitsui blijkt de kracht van het holografische principe van de hersenfunctie, waar Morgan op wijst[24]: elke cel beschikt over alle informatie van het hele systeem. Net zoals hersencellen beschikt elk lid van Mitsui over alle essentiële informatie van het bedrijf, met name de spirituele informatie op het zijnsniveau, waarop het bedrijf steunt. Als de leden na de opheffing van het bestaansverbod van Mitsui weer bij elkaar komen, beschikken ze allemaal nog steeds over dezelfde krachtige software als voor de oorlog. Daarmee kunnen ze de nieuwe architectuur van Mitsui weer opbouwen. Samen weten ze vanuit hun corporatieve inspiratie Mitsui weer groot te maken.

De kracht van hun spirituele software ontlenen de Japanners aan hun religieuze overtuiging. Hun religie is van huis uit animistisch en de Japanner gelooft dat alles bezield is, geanimeerd. Simpel gezegd komt het erop neer dat Japanners bij hun productie werken aan een tehuis voor de ziel van de klant. De klant moet het product ervaren als zijn geestelijke tehuis, waarin hij zich thuis voelt. Dit is de gedachte achter hun gastvrijheidsmanagement.

De vraag aan welke eisen het product of de dienst moet voldoen om te voldoen aan de eisen van de gastvrijheid is geen theoretische, maar een spirituele vraag. Ze kan enkel worden beantwoord door een innerlijke ervaring vanuit de eigen innerlijke gastvrijheid. Daarom probeert het productieteam zich van hoog tot laag in te leven in de behoeften van de koper en proberen ze te ervaren hoe de klant zich thuis voelt in het product. Elk scherp puntje kan al irritant zijn en daarom moet de geringste fout worden vermeden. Die *zero point deviation* wordt bewaakt door een strenge kwaliteitscontrole. Door fantasieoefeningen, meditatietechnieken en *sharing* verdiepen de leden van het productieteam zich in de gevoelens van de klant die van hen een tehuis krijgt geleverd.

Het is opmerkelijk dat Ignatius van Loyola in de zestiende eeuw binnen de westerse cultuur al een vergelijkbare gastvrijheidsvisie heeft ontwikkeld. In zijn Geestelijke Oefeningen leert hij mensen door geleide fantasieoefeningen voorstellen hoe alles bezield is door hun schepper 'die woont in de schepselen: in de elementen door ze het bestaan te geven, in de planten door ze te doen groeien, in de dieren door ze te doen voelen, in de mensen door ze verstand te geven, zo ook in mij door mij te laten bestaan, te bezielen, gevoel te geven en verstand te geven' [GO 235].

Vervolgens kunnen wij in onze fantasie 'kijken hoe al het goede en alle gaven van bovenaf neerdalen, zoals het hoogste en oneindige kunnen daarboven neerdaalt op mijn beperkte kunnen. Op dezelfde manier daalt ook de rechtvaardigheid, de goedheid, het medelijden, de barmhartigheid, enz. van bovenaf neer zoals de zonnestralen van de zon afkomen en het water uit de bron stroomt' [GO 237].

Deze spiritualiteit toont veel trekken van het platoonse model met zijn metafysische eigenschappen dat ik in de volgende paragraaf zal behandelen. Ook toont het veel verwantschap met het franciscaanse model dat de spiritualiteit ziet als bron van behoud van onze aard, people-planet-profit.

Het filosofisch ideaal als utopie van een organisatie

De spirituele aanpak van organisaties, die nu weer in de belangstelling staat, is in feite al oeroud en is reeds bij de klassieke Griekse filosofen te vinden. Deze aanpak is echter verloren gegaan doordat de natuurwetenschap geen raad weet met het dualistische karakter van de mens als bezield lichaam en geestelijk wezen. De oude Grieken weten beter met dit spirituele karakter om te gaan. Zo wijst Plato op de mogelijkheid van de eros die in onze harten woont en tegelijkertijd deel heeft aan het leven van de goden. Hij doelt hiermee op het heimweegevoel van de ziel als een diep menselijk verlangen om iedere contingentie achter zich te laten en een volheid te genieten die aan elke menselijke onrust een einde maakt[25].

Nadat de spiritualiteit in de loop van de geschiedenis

in kracht is afgenomen, neemt ze nu geleidelijk weer in waarde toe. Als we deze kracht in organisaties gaan gebruiken, wat zou dan het hoogtepunt van de organisatie-ontwikkeling kunnen zijn? Deze vraag leidt ons naar de utopie van de organisatie en wijst ons enigszins de richting en de haalbaarheid van spirituele organisatiemodellen. Voor het antwoord neem ik u mee in een metafysisch avontuur met uitzicht op het ideaal van de organisatie. In de metafysische reflectie kunnen we de wezenskenmerken van een organisatie leren kennen en daarmee ook inzicht verkrijgen in de kracht van de organisatiespiritualiteit.

De metafysische reflectie

Door de filosofie kunnen wij verstandelijk inzicht krijgen in het ideaalbeeld van de organisatie en haar wezenlijke kenmerken. Dit filosofische ideaal van een organisatie kunnen we niet afleiden uit het verloop van het evolutieproces, dat enkel in staat is de empirische ontwikkeling te tonen zonder het eindpunt te bepalen. Met behulp van een filosofische reflectie kunnen we dit hoogste ideaal van de organisatie als een utopie vaststellen aan de hand van de metafysische waarden van een organisatie. In dit denkproces maken we geen gebruik van argumenten om tot een conclusie te komen, het is een verdiepingsproces, een zoektocht zonder einde. Het is een enucleatieproces, te vergelijken met het openpellen van een ui. We stellen voortdurend vragen, waarvan het antwoord telkens weer voorlopig is en een nieuwe vraag oproept. Elk antwoord is een stap naar een volgende, dieper gaande vraag. Zo kunnen we met ons verstand tot een steeds dieper inzicht komen in de ideale organisatie zonder ooit een eindpunt te bereiken.

Een filosofische reflectie, ook metafysische reflectie genoemd, komt op gang wanneer we ons over een toevallig feit verwonderen. Opeens valt in de dagelijkse sleur iets op wat verbazing wekt: 'Hoe is dit mogelijk?' Socrates noemt dit het geboorteproces van kennis, die voortdurend kan groeien. Wanneer we dieper doordringen in een toevallig feit, ontdekt ons redelijk inzicht dat al die toevalligheden met elkaar samenhangen. Het eindpunt kunnen we pas bereiken wanneer we alles zouden kennen. Maar dat is onmogelijk. Daarom kunnen we een toevallige feit nooit volledig door een statisch concept of afgeronde definitie weergeven. Een organisatie wordt in de metafysische reflectie dan ook uitgebeeld als een dynamisch begrip, als een verloop van momenten van voortdurend verdiepend inzicht.

Filosofie werkt daarom met analoge begrippen. Dat zijn gemeenschappelijke begrippen die universeel zijn en voor alle organisaties gelden. Tegelijkertijd zijn ze concreet, omdat ze geen abstractie maken van de concrete individuele kenmerken. Een analoog begrip slaat op de unieke vorm van een organisatie en dringt tegelijkertijd door tot op haar zijnsniveau.

De Grieks-thomistische filosofie, die teruggaat op Plato, beschrijft vijf metafysische kenmerken van alles wat bestaat en daarom ook wezenskenmerken zijn van een organisatie. Het zijn de metafysische eigenschappen Waarheid, Goedheid, Eenheid, Schoonheid en Wording, die ik al eerder genoemd heb, zie figuur.

De zijnswaarden van een organisatie

De metafysische eigenschappen van een organisatie zijn haar diepste kernwaarden, die in elke organisatie op een unieke manier worden verwezenlijkt.

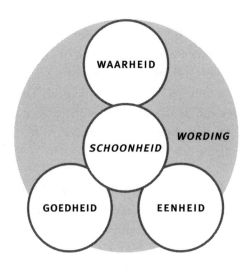

De metafysische waarden op zijnsniveau

De Waarheid van een organisatie is haar diepste inzichtelijkheid op zijnsniveau. Een ideale organisatiestructuur is in principe inzichtelijk, transparant en kenbaar. Dat betekent dat ze geen wezenlijke tegenstrijdigheden toont en in wezen ook redelijk verantwoord is.

Kenbaarheid betekent niet dat de organisatie ook werkelijk gekend wordt, want we hebben het over inzichtelijkheid in wording in een nooit voltooid kenproces. Het is mogelijk dat een organisatie steeds duidelijker gekend wordt, maar die kennis kan ook afnemen. Wel moet een organisatie een redelijk antwoord kunnen geven op de vragen van het verstand.

De Goedheid van een organisatie is haar fundamentele waarde, dat wat haar aantrekkelijk maakt. Een organisatie moet aansluiten op het grondverlangen van mensen, het moet de moeite waard zijn er te werken vanwege haar mensvriendelijkheid. Men voelt zich aanvaard en welkom als in een eigen thuis. Door dit gevoel van zinvolheid hebben mensen zin om er te werken, het vervult de diepste aspiraties van hun verlangens. Dit bevredigingsproces van de Goedheid is eveneens een proces in wording, het kan sterker of zwakker worden als een nooit eindigend groeiproces.

De Eenheid van de organisatie komt tot uiting in haar innerlijke en externe samenhang met de omgeving. Dit betekent dat ze ook openstaat voor het milieu. Alles moet voor elkaar openstaan en samen een integrale eenheid vormen om elkaar aan te vullen en te versterken, zowel in het beleid als in de samenwerking. Een voorbeeld van Eenheid is het PPP-concept van people-planet-profit. Deze eenheid is een eenwording in een continu bewustwordings- en groeiproces. Conflicten bereiken op dieper niveau een samenhang en de samenwerking schept een steeds grotere eenheid, al gaat dit met vallen en opstaan gepaard en al wordt het ideaal nooit bereikt.

De Schoonheid van de organisatie toont zich in de rustgevende en gelukkig makende glans van Waarheid, Goedheid en Eenheid samen. Deze esthetische ervaring noemt Plato de 'gelukkig makende overeenstemming van het ideale oerbeeld met de individuele afbeelding'. Waarheid, Goedheid en Eenheid zijn drie aspecten van dezelfde werkelijkheid, die in hun samenzijn een glans uitstralen van Schoonheid. De mens in de organisatie kan hiervan genieten. Schoonheid maakt de mensen blij en gelukkig en brengt hen tot rust. Ook dit proces is een groeiproces met ups en downs waarbij het ideaal nooit wordt bereikt.

De Wording van een organisatie is een intrinsiek kenmerk van alle eigenschappen die voortdurend in wording zijn. Het is een wezenlijk en voortdurend vernieuwingsproces dat in alle dimensies plaatsvindt, een Waarheid in wording, een Goedheid in wording, een Eenheid in wording en een Schoonheid in wording. Het eindpunt wordt nooit bereikt, en stilstand betekent doodgaan. Innovatie is daarom de enige manier om te overleven.

In het wordingsproces ligt groei besloten, maar dit hoeft niet per se een kwantitatieve uitbreiding te betekenen. Een organisatie kan ook in kwaliteit groeien, een verbetering naar het diepere zijnsniveau. Dit soort groeien is een wezenlijke groei die in heel het wezen plaatsvindt. Voor de mens en organisatie houdt dit een geestelijk proces van spirituele verdieping in, die we door spirituele reflectie kunnen sturen.

In feite is een organisatie een voortgaande ontplooiing van haar potentiële mogelijkheden, iets waar volgens De Geus te weinig aandacht aan wordt geschonken. Hij stelt: 'In het licht van hun potentiaal zijn de meeste commerciële ondernemingen dramatische mislukkingen. Ze blijven staan in een primitieve fase van evolutie en ontplooien slechts een fractie van hun potentie.'[26]

Een spirituele reflectie op het verlangen

Filosofische reflectie kan ons diepere kennis van en inzicht in de wezenseigenschappen van de organisatie geven, maar voor een organisatie is kennis maar een deel van het managementinstrumentarium. Het gaat immers om daden en goede resultaten. Om tot spiritueel inzicht in de organisatie te komen als een effectief managementinstrument is er spirituele reflectie nodig. Dit is een vergelijkbaar proces als de metafysische reflectie. Het is echter geen kenproces, maar een bewustwordingsproces. Het is een proces dat steeds dieper ingaat op twee vragen: wat wil ik en wat verlang ik? Deze vragen worden gesteld als individu en als organisatie. Daarbij hoort de vraag: wat moet ik doen in deze omstandigheden om te bereiken wat ik verlang? Plato wijst op de kracht van eros als ons diepste verlangen dat nooit tot rust komt. Elk verlangen dat bevredigd wordt, roept een dieper gaand verlangen op totdat we uiteindelijk stuiten op het onbereikbare fundamentele verlangen op zijnsniveau.

Op het operationele doeniveau kan dit verlangen nooit tot rust komen doordat we op dat niveau oppervlakkig omgaan met mensen, macht en rijkdom. Prestaties zijn namelijk niet in staat onze verlangens te stillen. Met onze diepste verlangens kunnen we in contact komen door te luisteren naar ons hart, waarin onze verlangens opstijgen. Dat zijn verlangens naar relaties en naar geborgenheid en liefde, die we hebben leren kennen in de wording van onze primitieve cultuur.

In een spirituele reflectie komt vooral het relatieaspect tot zijn recht, omdat het spirituele proces verloopt als een interactie. Het is een dialoog en een ontmoeting met andere personen voor wie of zaken waarvoor ik iets ga doen. In een metafysische reflectie staat de verwondering centraal, over anderen en het andere, waarover we nadenken.

Het verlangen komt niet tot zijn recht zolang we niets doen. Daarom is de vraag Wat kan ik doen? onlosmakelijk verbonden met de vraag Wat verlang ik? Het spirituele verlangen verwijst daarom altijd naar spirituele competenties en subcompetenties.

Een spirituele reflectie op het doen

Een spirituele reflectie verloopt als verdiepingsproces van het bewustzijn, een verinnerlijkingsproces dat in beweging wordt gebracht door ons diepste verlangen. Dit diepe verlangen roept verbazing op en de vraag Wat kan ik doen? De daad die het gevolg is, roept vervolgens nieuwe verbazing op, die weer leidt tot daden vanuit een dieper spiritueel bewustzijn. Zo worden de operationele activiteiten op een steeds dieper niveau verinnerlijkt totdat we met een zucht van verwondering en dankbaarheid stuiten op het diepste zijnsniveau. Op dit niveau kunnen we ervaren dat alles ons toe-valt en dat we enkel 'dank u' kunnen zeggen.

Het doen dat een gevolg is van spirituele reflectie, is geen abstracte activiteit maar een interactie. De vraag 'Wat moet ik doen?' krijgt daarmee een breder perspectief en krijgt de betekenis van 'Wat kan ik voor je doen?' Het spirituele verdiepingsproces is daarom ook een verdiepingsproces van ontmoetingen. Het proces van vragen naar ons verlangen en daarnaar handelen ontspint zich als een verhaal, een persoonlijk levensverhaal of het verhaal van een organisatie. De vijf genoemde metafysische eigenschappen Eenheid, Waarheid, Goedheid, Schoonheid en Wording worden richtlijnen voor het ideale antwoord op de vraag Wat kan ik voor je doen?

De Waarheid schept het inzicht in wat we hier en nu moeten doen. De concrete omstandigheden tonen de redelijkheid van de kansen om ons diepste verlangen te vervullen.

De Goedheid toont de aantrekkelijkheid van wat we hier en nu moeten doen gezien ons verlangen. We hebben er zin in, want het is zinvol en sluit aan op onze mogelijkheden.

In de Eenheid scheppen we een samenhang tussen wat we hier en nu doen en dat waarnaar we hunkeren. Daardoor beleven we eenheid en harmonie.

In de Schoonheid beleven we wat we hier en nu doen als iets moois dat in de lijn ligt van onze verlangens. Het maakt ons blij en gelukkig, geeft glans aan ons leven en levert nieuwe inspiratie.

De Wording duidt op het streven dat wat we hier en nu doen steeds beter te doen, waardoor onze verlangens steeds meer gestalte krijgen.

De kernwaarden van de spirituele competentie

Het ligt voor de hand dat uit de zijnskenmerken van de organisatie ook haar spirituele kerncompetenties zijn af te leiden.

Wanneer mensen de spirituele competentie Waarheid bezitten, zijn ze geloofwaardig, betrouwbaar en waarheidsgetrouw. Ze zijn in staat scherp hoofdzaken en bijzaken te onderscheiden, en ingewikkelde problemen inzichtelijk te maken vanuit innerlijke helderheid.

Mensen met de spirituele competentie Goedheid zijn aantrekkelijk in de omgang. Ze weten vertrouwen te wekken en houvast te bieden omdat ze als het ware van binnenuit aanvoelen wat iemand nodig heeft en wat iemand blokkeert. Ze weten de werkzaamheden aantrekkelijk te maken en mensen te motiveren door hen te prikkelen hun best te doen. Ze scheppen een sfeer waardoor de mensen met plezier werken.

Wanneer mensen de spirituele competentie Eenheid bezitten, zijn ze in staat saamhorigheid te scheppen waardoor conflicten vereffend kunnen worden. Ze zijn geniale vredesstichters die hete gemoederen gemakkelijk tot bedaren kunnen brengen. Zulke mensen zijn ideale onderhandelaars die weten te luisteren en te bemiddelen, die gemakkelijk tegenstellingen kunnen overbruggen en tot consensus brengen.

Mensen met de spirituele competentie Schoonheid zijn gelukkig en blij, ze scheppen vrede en rust. Het zijn uiterst gevoelige mensen die werken vanuit het harmoniemodel. Ze zijn in staat mensen te leren genieten van hun werk en van hun leven, ze leren hun de mooie kanten van de organisatie en van het leven te waarderen. In hun aanwezigheid voelen mensen zich thuis en komen tot rust.

De Wording als spirituele competentie schept bij mensen een innerlijke verlangen om vooruit te komen. Mensen met deze competentie zijn voortdurend op zoek naar verbetering en vernieuwing en weten mensen te inspireren om in beweging te blijven en een jeugdig elan te bewaren. Ze weten gemakzucht en vastgeroeste gewoonten te doorbreken en voelen de kansen en mogelijkheden als het ware gevoelsmatig aan. Ze zijn voortdurend gericht op de toekomst.

Deze beschrijving van de spirituele competenties is uiteraard niet uitputtend en evenmin zijn de competenties altijd spiritueel relevant. Daarbij is het verschil tussen een spirituele competentie en een karaktereigenschap zeer subtiel en vaak moeilijk te herkennen. Het is de samenhang van bepaalde eigenschappen die bepaalt of een gedragspatroon een spiritueel karakter heeft. Het spirituele aspect is meer gevoelsmatig dan rationeel te herkennen.

De kracht van de corporatieve spiritualiteit

De individuele kracht van spirituele mensen is voor het bedrijfsleven van groot belang. Op individueel niveau wordt er dan ook steeds meer aandacht besteed aan deze ontwikkeling. Voor een bedrijf is het echter vooral de corporatieve spiritualiteit die belangrijk is als bron van vernieuwing. Net zoals individuele spirituele rijkdom persoonlijk kan worden ervaren en beleefd als een individuele verinnerlijking, zo kan een corporatieve spiritualiteit door de individuen van de organisatie worden ervaren. Er is echter meer. In een organisatie met een corporatieve spiritualiteit heerst een verfrissende werksfeer, een cultuurklimaat dat inspireert, motiveert en creatief maakt. In zo'n organisatie is het werk op de een of andere manier aantrekkelijker, de samenwerking is prettiger en vriendschappelijk en fysiek voelt men zich minder moe. De corporatieve spiritualiteit is ook merkbaar in het management. Er zijn minder conflicten en stakingen of klachten. Bij zo'n bedrijfsklimaat kunnen we spreken van een organisatiecultuur met spirituele diepgang. Aan de hand van enkele voorbeelden zal ik duidelijk maken hoe een corporatieve spiritualiteit kan ontstaan.

Als Henry Ford I droomt over een auto voor elke Amerikaan, wordt deze droom het begin van een individuele spirituele inspiratie. Hij deelt zijn droom met enkele vrienden, waardoor de droom uitgroeit tot een collectief ideaal. Als Ford en zijn vrienden hun concrete plannen uitvoeren, worden ze geïnspireerd door een collectieve inspiratie die als corporatieve spiritualiteit de ontwikkeling van het Ford-concern bezielt.

Ook in een uiterst kritische noodsituatie kan een collectieve spiritualiteit ontstaan met een sterke overlevingskracht. Een voorbeeld is de situatie in het concentratiekamp tijdens de Tweede Wereldoorlog waar ik met twee andere medegevangenen een sterke vriendschapsrelatie krijg. We zijn alledrie heel verschillend met tegengestelde karakters en een uiteenlopende achtergrond. De een is een idealistische arts, ongelovig maar zeer menslievend, nog ongetrouwd. De ander is een wat oudere, diep gelovige jurist uit een streng religieus gezin, een huisvader met drie kinderen. Ik ben een nog jonge technicus uit een suikerfabriek, een strijdlustig militair zonder duidelijk wereldbeeld of levensvisie. In de onmenselijke omstandigheden van het kamp groeien we tot een sterke spirituele eenheid die alles doet om te overleven. De vriendschapsband wordt dieper, we delen onze kennis en ervaring met elkaar en we vormen een sterke eenheid. Niet alleen voor elkaar worden we een grote steun, maar ook voor anderen doordat we ons samen inzetten om de zieken en stervenden te verzorgen en houvast te bieden.

Ik heb toen duidelijk een sterke collectieve spiritualiteit beleefd die meer is dan de som van ieders geestelijke rijkdom. Het verschil in godsdienst wordt onbelangrijk, evenals het verschil in leeftijd en achtergrond. Ieder van ons draagt bij aan een gemeenschappelijke rijkdom en ieder van ons wordt daardoor een steun voor anderen. Vanuit deze kracht hebben we alle drie op onbegrijpelijke wijze de hardheid van het concentratiekamp weten te overleven. Hieruit blijkt dat een groep die goed kan samenwerken, en die wordt gemotiveerd door een gemeenschappelijk inspiratie, van een plus een meer kan maken dan twee.

Het meest voor de hand liggende voorbeeld van een collectieve spiritualiteit is te vinden in het gezin, een oervorm van een organisatie, opgebouwd uit uiteenlopende mensen met verschillend karakter, leeftijd, en achtergrond. Zo'n heterogeen samengesteld gezin vormt een organisatie met een minimale structuur, maar een optimale spiritualiteit. In een gezond gezin houdt men van elkaar en heeft ieder alles voor de ander over.

Een gezin is geworteld in een sterke collectieve spirituele kracht, waaruit de leden hun geborgenheid en zekerheid kunnen putten. Deze is uniek en onvervangbaar. Wanneer een kind door een scheiding van het ene gezin naar een ander gezin verplaatst wordt, gaat er geborgenheid en innerlijke veiligheid verloren. Dat is de grootste pijn van kinderen bij een echtscheiding.

De gezamenlijke spirituele kracht is vaak nog duidelijk merkbaar bij familiebedrijven die gedragen worden door een sterke familiecultuur. Deze ontwikkelt zich vaak verder tot een sterke bedrijfscultuur met een sterke organisatiespiritualiteit.

Is het gebruik van de term 'spiritualiteit' in de genoemde voorbeelden niet te willekeurig? Want het gaat immers om iets wat gewoon met het karakter samenhangt en psychologisch kan worden verklaard. De grens tussen psychologisch en spiritueel niveau is inderdaad vaag en de samenbindende kracht heeft ook met karakter te maken. Toch heeft elke bewuste daad ook een spiritueel karakter, ook al zijn we ons daarvan niet altijd bewust. De mens is nu eenmaal een geestelijk wezen, waardoor we aan alles wat we doen een spirituele uitstraling kunnen geven. Waar ik het vooral over heb is een inspiratie met een spirituele diepgang in de meest gewone zaken van het management.

Wat brengt spiritualiteit op?

In mijn bijdrage heb ik verschillende aspecten van de spiritualiteit uitgewerkt, maar u vraagt zich wellicht af wat deze spiritualiteit het bedrijfsleven kan opbrengen. Wat is de economische toegevoegde waarde ervan voor de organisatie? Daarop is niet meteen een direct antwoord te geven. Spirituele verdieping is namelijk moeilijk met rationele criteria en kwantitatief meetbare grootheden te meten. Wel is ze indirect aantoonbaar doordat het duidelijk is wat een organisatie verliest wanneer er geen spirituele diepgang is, geen gezond werkklimaat en geen menselijke organisatiecultuur. Als Frits Philips door zijn beleid de werknemers zo tevreden kan stellen dat ze een grote arbeidsvreugde tonen en niet staken, dan is dat economisch gezien zeker een winstpunt.

Belangrijk is ons af te vragen welke gevolgen de afwezigheid van spiritualiteit bij organisaties heeft. Welke verliezen zal een onderneming bijvoorbeeld lijden als dure en hoog gekwalificeerde werknemers niet voldoende tot hun recht komen omdat ze niet gemotiveerd zijn en ongeïnspireerd werken en omdat ze niet bereid zijn energie te steken in het bedrijf? Verzwakt dit niet de concurrentiepositie met niet-westerse rivalen waarvan de werknemers wel veel energie steken in hun bedrijf, zoals in Japan of China?

Wat is de schade voor een organisatie als er vaak gestaakt wordt, veel arbeidsonrust heerst, telkens adviseurs worden ingehuurd om conflicten op te lossen en het ziekteverzuim hoog is als gevolg van het slechte werkklimaat? Met onwillige honden is het slecht hazen vangen luidt het spreekwoord. Dat geldt ook voor een organisatie: met ongemotiveerde mensen is het moeilijk hoge prestaties te leveren.

Onderzoek heeft aangetoond dat een strikt van bovenaf opgelegd regelsysteem mensen hun innerlijke vrijheid ontneemt, hun spiritualiteit verlamt en daarmee hun motivatie en creativiteit doodt. Een onderneming kan veel meer presteren met hetzelfde personeel dat meer bezield is. De prestaties en creativiteit voor vernieuwing van een bedrijf zijn afhankelijk van de mensen en mensen kunnen pas ten volle presteren als ze sterk gemotiveerd zijn. Dat vereist een spirituele investering.

Literatuur

Bertalanffy, Ludwig von -, *General System Theory*. Braziller, New York 1968.

Blot SJ, P. de, 'Culturele valkuilen bij het internationaal zakendoen', in: J.Veldman (red.), *Exportmanagement*. Wolters-Fenedex, Groningen 2004, 5e dr.

Blot SJ., Paul de Chauvigny de, *Vernieuwing van organisaties in een chaotische omgeving door vernieuwing van de mens*. Nyenrode University Press, Breukelen 2004.

Broekstra, Gerrit, 'Chaosssystemen als metafoor voor zelfvernieuwing in organisaties', in: Cor van Dijkum en Dorian Tombe, *Gamma Chaos*. Aramith, Bloemendaal 1992, 113-125.

Broekstra, Gerrit, 'An Organization is a Conversation', in: David Grant e.a.(ed.), *Discours+ Organization*. Sage, Londen 1998, 152-177.

Capra, Fritjof, *The Web of Life*. Flamingo, Harper Collins, Londen 1997.

Csikszentmihalyl, M., *Flow*. Harper Perennial, New York 1990.

Chu, Ching Ning, *The Asian Mind Game.* Stealth, New York
2000.

Collins, James C. & Jerry L. Porra, *Built to last. Succesful
Habits of Visionary Companies.* Harper Business, Londen
1996.

Dupré, Wilhelm, 'Facets of Truth and Understanding', in: Inigo
Bocken e.a. (eds), *The Persistent Challenge.* Shaker, Maas-
tricht 2004, 225-272.

Philips, Frits, *45 jaar met Philips.* Ad. Donker, Rotterdam 1996
(4e dr.).

Grant, David, Tom Keenoy en Cliff Oswick, *Discourse +Orga-
nization.* Sage, Londen 1998.

Gabriel, Yiannis, 'Same Old Story or Changing Stories?
Folkloric, Modern and Postmodern Mutations', in: David
Grant, *Discours+ Organization.* Sage. Londen 1998, p.84-
104

Geiselhart, Helmut, *Das Management-Modell der Jesuiten. Ein
Erforlgkonzept für das 21.Jahrhundert.* Gabler, Wiesbaden
1999.

Geiselhart, Helmut, *Wie Unternehmen sich selbst erneuern.*
Gabler, Wiesbaden 1995.

Geus, A. de, *The Living Company.* Harvard Business School
Press, Boston 1997.

Hall, Edward R., *Beyond Culture.* Doubleday, Garden City
1976.

Heider, John, *The Tao of Leadership.* Cambridge 1985. (Nederlandse vertaling: De tao van leiderschap. Strategieën voor de
nieuwe tijd, Business Contact, Amsterdam 1999.)

Heijblom, Ruud, *Management met synchroniciteit. Het creëren
van kansen.* Nelissen, Soest 2005.

Hock, Dee, *Birth of the Chaordic Age.* Berrett Koehler Publish-
ers, San Francisco 1999.

Hofstede, Geert, *Allemaal andersdenkenden. Omgaan met*

cultuurverschillen. Contact, Amsterdam 1991 (1e dr.)

Hurst, David K., *Crisis & vernieuwing. De uitdaging van organisatieverandering*. Scriptum, Schiedam 1995.

Jaworski, J., *Synchronisity. The Inner Path of Leadership*. Berreth Koehler, San Francisco, 1996

Lekanne Deprez, Frank - & René Tissen, *Onbevangen ondernemen. De acht kenmerken van zerospace- organisaties*. Scriptum, Schiedam 2002.

Levinas, Emmanuel, *Totalité et Infini*. Kluwer, Dordrecht 1990.

Lowney, Chris, *Heroic Leadership. Best practices from a 450 years old Company that changed the world*. Loyola Press, Chicago 2003.

Mashbubani, Kishore, *Can Asians think?* Times International, Singapore 2002.

Morgan, Gareth, *Images of Organization*. Sage, Londen 1986.

Metze, Marcel, Anton Philips 1874-1951, Balans, Amsterdam 2004.

Nicolas, Antonio de, *Powers of imagining*. State University of Washington Press, New York 1986.

Nonaka, I. and H.Takeuchi, *The Knowledge Creating Company*. Oxford University Press, Oxford 1995.

Ong, Dr. Hean Tatt, PhD, *Oriental Creative Motivation*. Synergy Publishing, Kuala Lumpur, Maleisië zj.

Peters, Prof. Dr. J., *Metaphysica. Een systematisch overzicht*. Aula, Utrecht 1967.

Peursen, C.A. van, *Het nieuwe management*. Agora, Kampen 1996.

Peursen, C.A. van, *Cultuur in stroomversnelling*, Agora, Kampen 1995, 9e dr.

Quinet, J. Robert, *Spirituality in Management Reconciles Human Well Being – Productivity – Profits*, Holding O.C.B., Montreal , 2005, 4th English Revised edition.

Senge, P., *The Fifth Discipline, The Art and Practice of Lear-*

ning. Doubleday, New York 1990.

Teilhard de Chardin, Pierre, *De menselijke energie.* Spectrum, Utrecht 1968.

Vanderkerken SJ, L., *Het menselijk geluk.* Standaard Boekhandel, Amsterdam 1952.

Waldorp, M. Mitchell, *Complexity. The Emerging Science at the Edge of Order and Chaos.* Simon & Schuster, New York etc.1992.

Witteveen, dr. H.J., *Soefisme en economie.* Ankh Hermes, Deventer 2001.

Noten

1 Lakanne Deprez en Tissen, 2002, 7.

2 Dee Hock, 1999, 28

3 Waldrop, 1992, 11.

4 Hock, 1999, 2-3.

5 Witteveen, 1996.

6 Broekstra, 1998, 171.

7 Geiselhart is psycholoog en geeft sinds 1975 seminars voor organisatievernieuwing in een door hem geleid instituut. In twee boeken ontwikkelt hij de kracht van de spiritualiteit. *Das Management-modell der Jesuiten* en *Wie Unternehmen sich selbst erneuern.* Lowney is bankier en schreef *Heroic Leadership.*

8 Quinet, 2005.

9 Heijblom, 2005:15, 91.

10 Dupré, 2004, 226-228.

11 P. de Blot, *Culturele valkuilen*, 2004, 347-370.

12 Zie ook *Algemeen Dagblad.* 7 december 2005.

13 Kogge Express Kersteditie 2004.

14 Broekstra, 1998, 153-154.

15 'De Haagse Zweefmolen', in: *HP/De Tijd*, 27 januari 2006, 32.

16 Broekstra, 1998, 171.

17 Deze ontwikkeling is uitvoerig beschreven in De Blot, 2005, 22-64.

18 Lekanne Deprez en Tissen, 2002, 9-10.

19 Hurst, 1997, 100-106.

20 Deze organisatiespiritualiteit heb ik uitgewerkt in mijn proefschrift, *Vernieuwing van organisaties in een chaotischer omgeving door vernieuwing van de mens*, 2004.

21 Hock, 1995, 6.

22 Hock, 1999.

23 Van Peursen, 1996.

24 Collins & Porra, 1995.

25 Morgan, 1997, 89-92.

26 A. Nygren, Eros und Agape, Güterloh, 1957.

27 Geus, A. de, 1997, 1.

Organisaties creatief leiden met synchroniciteit

Wat is synchroniciteit?

Synchroniciteit staat bekend als betekenisvol toeval. Het is een verschijnsel dat ons overkomt en dat we niet kunnen afdwingen. Wel kunnen we meer op synchroniciteit gaan letten door opmerkzaam te zijn en aandacht te hebben voor toevalligheden. Het spirituele element van synchroniciteit ligt in het maken van verbinding. In de verbinding ligt de betekenis. Die verbinding kent meerdere dimensies. Het gaat om verbinding met onszelf (met ons hart), verbinding met het universum, verbinding (de verbondenheid) met anderen, de gevoelsmatige connecties die we met anderen kunnen maken en om verbinding met de aarde.

De vraag is hoe we creatief en vernieuwend kunnen omgaan met synchroniciteit en hoe we mensen in organisaties kunnen leiden met en naar synchroniciteit. Om hier antwoord op te geven heb ik het synchroniciteitskwadrant ontwikkeld. Dit kwadrant maakt duidelijk welk pad we kunnen volgen wanneer we synchronistisch management willen invoeren. Het kwadrant bestaat uit vier ankers, zij vormen de basisvoorwaarden voor synchroniciteit. Synchroniciteit, het betekenisvolle toeval, kan ontstaan in het vierde kwadrant. Daar worden de spirituele dimensies van verbinding gelegd.

Het synchroniciteitskwadrant

Het synchroniciteitskwadrant bestaat uit vier ankers.

1 ritme en trilling;   3 verbinding;
2 synchronisatie;   4 synchroniciteit.

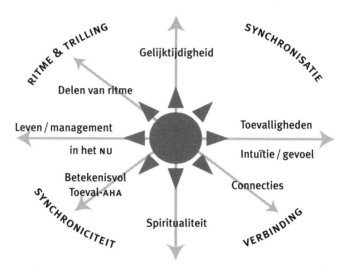

(UIT: *MANAGEMENT MET SYNCHRONICITEIT*, RUUD HEIJBLOM)

Het doorlopen van het kwadrant

In de afbeelding staat de leercirkel beschreven die we kunnen doorlopen wanneer we meer ontvankelijk willen worden voor synchroniciteit. Als hulpmiddel in ons leerproces van bewustwording kunnen we de wijzers van de klok volgen, we springen van ankerpunt naar ankerpunt. Daarbij zijn ook de bruggen tussen de ankerpunten belangrijk, omdat zij elementen bevatten die ons bewust maken van synchroniciteit. Door opmerkzaam te zijn, door ons bewust te worden van toevalligheden en onze intuïtie te scherpen, kunnen we verbindingen maken en de gelijktijdigheid opmerken. Spiritualiteit geeft betekenis aan deze gelijktijdigheid. Trillingen die in het heden plaatsvinden, kunnen we alleen opmerken door in het NU te leven en te managen. Zo is er een samenhang gecreëerd tussen de vier ankerpunten.

Ritme en trilling

Het eerste ankerpunt is ritme. Alles in het leven is ritme, alles is afstemming. Het eerste wat we daarom dienen te leren is een zekere resonantie, afstemming, vinden, allereerst met onszelf en vervolgens met de mensen en dingen om ons heen. Net zoals we een radio afstemmen op een zender, zo dienen wij onszelf af te stemmen. Dat is echter gemakkelijker gezegd dan gedaan. Wel kunnen we ons daarin oefenen, bijvoorbeeld in een ritmische dans, of door een mantra te zingen, door te luisteren naar het natuurlijk ritme in de natuur, het ruisen van de golven in de zee.

AFSTEMMEN OP LEVENSRITME

De wereld is springlevend met miljoenen ritmes. Het proces dat alle ritmes op elkaar afstemt, noemen we synchronisatie. Ritmische synchronisatie is een van de universele wetten die op aarde gelden, en net zo onontkoombaar als zwaartekracht. Ons hart is ons meest ritmische orgaan, maar ook onze andere organen hebben ritmes. Atoomdeeltjes en de sterren worden door ritmes beheerst. Onze ademhaling vertraagt of versnelt zich naar gelang onze gemoedstoestand of lichamelijke toestand.

UIT: *ONTHAASTEN*, STEPHEN RECHTSCHAFFEN

Het is de kunst het ritme te delen met anderen en dit ritme in te passen in situaties waarin we leven en werken. Denk aan een dansend paar. Als ze steeds dichter tegen elkaar dansen, zullen ze dit doen synchroon met het ritme. Lopen twee ritmes niet synchroon, dan is de kans op onrust of ruzie groot.

> Een voorbeeld van het belang van ritme in de productie is te vinden bij een fabrikant van vliegtuigvleugels. In deze sector zijn levertijden cruciaal. Wanneer een leverancier deze niet nakomt, kan hij hoge boetes tegemoet zien. Bij deze fabrikant zijn de afdelingen Productie en Logistiek niet op elkaar afgestemd, waardoor er veel storingen ontstaan. Wanneer ze weer 'in ritme' lopen, hoor ik een van de productiechefs zeggen: 'Het is te merken dat er weer "in ritme" wordt gewerkt, de leveringen zijn weer op tijd en iedereen heeft er weer zin in.'

Ritme hangt samen met 'in trilling zijn'. Alles in het universum trilt. Een cel trilt. Naar trilling en de werking van geluidsgolven heeft de Zwitserse arts dr. Hans Jenny (1904-1972) veel onderzoek gedaan. Zijn golffenomenen noemde hij 'cymatics'.

Het is veelzeggend dat het Latijnse woord voor persoon *per sonus* is, wat 'geluid, door de toon heen' betekent. Ook onze stem produceert trillingen.

Er wordt wel gezegd dat de ware geneeskunde de geneeskunde van de trilling is, omdat deze werkt met de trilling, de subtiele energie van ons lichaam. Trilling kan helend werken op de ziel.

Ook onbezielde voorwerpen trillen. Zo zijn de inkrimping en uitzetting van kristallen een kwestie van trilling. Kristallen hebben dan ook een eigen trillingsfrequentie. Van deze trilling, frequentie, wordt in de techniek op ruime schaal gebruikgemaakt. Denk aan de kristalontvanger in oude radio's.

Ook stenen trillen op een bepaalde manier. Leden van oude natuurvolken kunnen zich hierop afstemmen, waarna ze deze trilling kunnen doorgeven met hun stem.

Bonewitz & Verner-Bonds stellen in *Kosmische kristallen* dat het heelal uit twee elementen bestaat: energie en relaties. Alles bestaat door relaties. Het fundamentele kenmerk van relaties is dat ze bewegen in cycli, ritmes en patronen.

De Duitse musicus en natuurkundige Hans Cousto haalt in *Die Oktave* de oude alchemistische leer aan dat 'de macrokosmos' zich weerspiegelt in de 'microkosmos'. Anders gezegd, de trillingen die van buiten op ons afkomen, resoneren in ons innerlijk. Volgens deze leer heeft alles een bepaald trillingsgetal. Dat van de aarde is 136,1 hertz. Als we ons in meditatie op de 'aardetrilling' afstemmen, zijn we niet alleen in trilling (in harmonie) met de aarde, maar ook met ieder ander die zich op deze trilling afstemt. Tibetaanse monniken kunnen deze harmonie met hun meditatie en hun muziek bereiken.

Veel van onze waarnemingen zijn gebaseerd op trilling. Geluiden zijn in feite trillingen, die via onze oren bij ons binnenkomen. Soms luisteren mensen niet alleen met hun oren, maar met hun hele lichaam. Neem maar eens een kijkje in een discotheek. Daar trilt het hele lichaam van de dansers mee met de muziek. Ook zien is gebaseerd op trilling, omdat kleuren een bepaalde trilling hebben. Waarneming is een kwestie van meetrillen, van resonantie.

Trilling biedt ons dus informatie aan. Wat het effect

is van trilling kunnen we goed waarnemen bij 'klank-schalen'. Wanneer we een grotere klankschaal aanraken, produceert die schaal heel veel frequenties met een rijk scala aan boventonen. Wanneer we zo'n klankschaal dicht bij ons lichaam houden of op ons lichaam zetten, voelen we de trilling door ons hele lichaam. Dat komt doordat ons lichaam voor meer dan 70 procent uit water bestaat. Trillingen verplaatsen zich vrij makkelijk door water. Ons lichaam gaat meetrillen en we voelen ons als het ware een met een groter geheel.

Zelfs een moment van stilte is verbonden met tril-ling. Grote uitvindingen ontstaan vaak 'in een flits', in de ingeving van het moment. In die korte verstilling wordt ruimte gecreëerd voor vrije invallen. Uit de stilte ontstaat inspiratie, in die stilte lijkt het alsof we mee-trillen met het grote geheel, of in resonantie, onderdeel vormen van een groter geheel.

Leiderschap in resonantie

Boyatzis en McKee onderzoeken in hun boek *Resonant Leadership* de rol van resonant leiderschap, oftewel lei-derschap in trilling. Resonante leiders zijn leiders die hun organisaties en gemeenschappen inspireren. Ken-merkend voor leiders met resonantie is dat ze zeer be-wust leven (*mindfulness*), ze hebben aandacht voor zich-zelf, voor de ander, de natuur en de maatschappij. Bewust leven betekent ook dat we aandacht geven aan onze stemmingen en gevoelens. Daarnaast is hoop de drijvende kracht van resonante leiders. In een wereld vol onzekerheden is hoop de motor die dromen en wensen kan realiseren. Daardoor wordt de toekomst bereikbaar. Hoop wordt gevoed door visie en optimisme. Bovendien voelen resonante leiders compassie voor de mensen die ze dienen en leiden. In compassie kunnen we de ander aanvoelen en begrijpen.

Boyatzis en McKee menen dat resonante leiders afgestemd zijn op anderen, op hun medewerkers en andere belanghebbenden. Als we afgestemd zijn op anderen, zijn we afgestemd op elkaars gedachten en emoties. In die onderlinge gevoelsmatige afstemming kunnen we werken in synchronisatie en synchroniciteit (*in sync*) met elkaar.

De tegenpool van resonantie is dissonantie. Als we organisaties managen met dissonantie, krijgen we meestal te maken met de factor stress.

Op basis van de studies van Boyatzis & McKee en Peter Senge, C.Otto Schermer, Joseph Jaworski en Betty Sue Flowers in het boek *Presence*, heb ik de zes A's van leiderschap in resonantie ontwikkeld:

Awake: ontdek dat meer van hetzelfde niet langer dezelfde resultaten zal brengen.

Aware: ontdek dat je niet bewust bent van de signalen dat je in 'dissonantie' bent. We redeneren signalen weg of negeren ze.

Attentive: wees aandachtig.

Alert: sta open en wees op je hoede.

Attuned: wees in compassie en empathie met de mensen om je heen.

Adjustment: pas je flexibel aan de situaties aan.

(Be in) A Moment: wees aanwezig in het moment.

TIPS TER STIMULERING EN ACTIVERING VAN RITME EN RESONANTIE

- Luister naar muziek, breng muziek in het bedrijf. Elke muziek die je tot rust brengt is goed: Gregoriaanse muziek, Mozart, barok, meditatieve muziek, klankschalen of een gong.
- Gebruik wierook: de geur van wierook laat je 'uitdijen'. In Japan is wierook in bedrijven gemeengoed.
- Laat je masseren: massage stemt je af op het nu.
- Dans met een groep.
- Sta in een cirkel en houdt elkaars handen vast. De linkerhand is open en ontvangt de energie uit de rechterhand van de persoon naast je, jouw rechterhand geeft energie aan de persoon naast je.
- Ga naar de sauna.
- Ontdek of je een ochtend of avondmens bent en let op je alertheidniveaus.
- Zorg voor plezier; doe de dingen die goed voor je zijn.
- Zing eens een mantra. Een krachtige mantra is bijvoorbeeld ATOEM ATON ATON ATOEM.
- Observeer en geniet van het natuurlijke ritme in de natuur. Kijk en luister naar de golven in de zee, hoe drijven de wolken weg? Hoe knappert het haardvuur? Heb je er wel eens op gelet hoe scholen vis zich bewegen? Hoe ruist het riet?

DE MANTRA 'KOESTEREN'

Ga rustig in een kring zitten. Sluit de ogen. Spreek het woord 'koesteren' uit en herhaal. Haal diep adem en spreek op de uitademing het woord 'koesteren' uit. Dan haal je opnieuw adem en spreek op de uitademing het woord 'koesteren' opnieuw uit. Stop niet, maar blijf het woord 'koesteren' op de uitademing herhalen. Doe dit gedurende vijf minuten. Maak er een meditatie van. Wat hoor je in het woord? Welke accenten leg je in het woord? Welke klanken met welke trilling spreken tot je? Na vijf minuten laat je het woord 'koesteren' overgaan in een klank. Je gaat niet zingen. Je houdt eenvoudig de klank aan. Laat het een toon worden die iedere keer naar buiten wordt gebracht op je uitademing. Maak deze sterker. In de toon ligt de essentie van het woord 'koesteren' besloten. Creëer een veld van energie door de toon naar het midden van de groep te intoneren. In het centrum ontstaat een bundeling van tonen die ook weer naar je terugkomen. Ga door met het maken van tonen en doe dit ongeveer zeven minuten. Word dan stil met elkaar en voel de energie. In de stilte kun je de tonen van koestering nog horen. (Uit: Van den Berg, *De helende stem*.)

Gelijktijdigheid

Gelijktijdigheid is de brug tussen ritme en synchronisatie. Ritme hangt namelijk samen met gelijktijdigheid. Als we in ritme zijn met onszelf, met anderen en met situaties, zullen we ontdekken dat dingen vaak gelijktijdig optreden. We zijn bijvoorbeeld op zoek naar informatie en de postbode bezorgt ons precies dat wat we nodig hebben. Als dingen gelijktijdig optreden, kondigt synchroniciteit zich aan.

Synchronisatie

Synchronisatie of synchroon lopen komt uit ritme voort. Een mooi voorbeeld is het kunstzwemmen, waarin twee of meer zwemsters zo goed mogelijk synchroon hun oefeningen in het water uitvoeren. Zij doen dit op het ritme van muziek.

In diverse managementprocessen, zoals *synchronized manufacturing*, wordt ernaar gestreefd productieprocessen op elkaar af te stemmen. In dit soort processen is de output van het ene proces de input voor een ander proces. Het ritme van het ene proces dient afgestemd te zijn op het ritme van het andere proces. In zulke processen heeft het weinig zin meer te produceren dan het andere proces aankan. De bottleneck is dat gedeelte van het proces dat de minste output geeft.

Volgens *Harvard Business Review* (juli-aug 2001) vindt synchronisatie in organisaties ook plaats bij kennismanagement. Door in te loggen op het kennissysteem weet een manager moeiteloos informatie te vinden over bijvoorbeeld markten en reclamecampagnes. Zijn behoefte aan kennis loopt synchroon met het kennissysteem dat in die kennis voorziet. Synchronisatie wordt ook wel in verband gebracht met coördinatie.

Synchronisatie betekent dat we ons afstemmen. Zo kunnen we ons afstemmen op een ander, op een voorwerp, of op een geluid. Wanneer we bij een ontmoeting gelijktijdig glimlachen, stemmen we ons op elkaar af. Een geïnspireerde drummer in de band stemt zich af op de andere bandleden.

Een paar aardige voorbeelden van synchronisatie zijn de 'penduletest' en 'de grote acht' bij het roeien. In de penduletest wordt een kamer vol gehangen met ouderwetse pendules. In het begin hebben de pendules allemaal hun eigen uitslag. Ze slingeren niet gelijk. Pendules resoneren echter, en het lijkt of ze gelijk wíllen lopen. Na enige tijd maken alle pendules dezelfde uitslag. Ze lopen synchroon.

Het perfecte moment van roeiers in de grote acht is niet het moment van winnen. Het is het moment waarop alle roeispanen perfect tegelijk, synchroon het water in en uit gaan. Op zulke momenten lijkt het alsof de boot uit het water opstijgt. De roeiers ervaren zo'n moment als het moment van de swing.

Synchronisatie zien we vaak terug in het dierenrijk of bij natuurverschijnselen: een vlucht ganzen in de lucht, een mars van pinguïns op de zuidpool.

Toevalligheden, intuïtie en connecties

Synchronisatie is niet hetzelfde als synchroniciteit, al wordt dit wel vaak gedacht. We zouden synchronisatie het voorportaal naar synchroniciteit kunnen noemen. Het grote verschil is dat we aan synchronisatie geen betekenis of gevoel toekennen.

Er zijn drie elementen (de brug) die ons naar synchroniciteit leiden (zie ook de afbeelding op blz. 122). Ten eerste zijn er de opmerkelijke en afwijkende gebeurtenissen die we als toevallig ervaren en die het proces kunnen verstoren. Ten tweede is er onze intuïtie, ons *Fingerspitzengefühl*, die ons raad kan geven en ten derde ons vermogen connecties te maken tussen ogenschijnlijk niet verwante zaken.

TIPS OM SYNCHRONISATIE TE STIMULEREN EN ACTIVEREN

- Doe een activiteit waarin synchronisatie voorop staat.
- Wandel met een groep.
- Haal in een ritme adem. Probeer bijvoorbeeld eens precies gelijk met anderen te ademen.
- Beoefen tai chi, de oosterse bewegingskunst.
- Zorg voor evenwicht; stel orde op zaken; ruim op.
- Voed je huis of werkplek met feng shui, een oosterse manier om je huis of bedrijf met meer balans in te richten.

Verbinding

Met verbinding bedoel ik verbondenheid. Verbondenheid kent meerdere dimensies. Zo kunnen we ons verbonden voelen met het krachtenveld in en om ons heen. Dan staan we in verbinding met de wijsheid van de kosmos, het universum, dat wat buiten ons ligt. We zijn dan in staat te putten uit de wijsheid van de kosmos, het universum.

Bovendien kunnen we in verbinding staan met ons zelf. Spiritualiteit wordt wel gezien als het vermogen het eigen ik te doorzien, we zijn ons intens bewust van wat er diep in ons leeft. In spiritueel management verbinden we ons innerlijk met het krachtenveld om ons heen.

In verbinding kunnen mooie connecties ontstaan. De kunst is daarvoor open te staan. We leven in een wereld van netwerken. Weinig mensen realiseren zich dat je vaak in contact komt en verbonden raakt met het netwerk dat past bij je intenties.

Spiritualiteit

De brug tussen verbinding en synchroniciteit is spiritualiteit. Met een spirituele instelling gaan we meer op synchroniciteit letten, het is een versnellende factor.

> Stel dat je journalist bent. Je staat op het punt uitgezonden te worden naar het Verre Oosten. Je koopt een krant bij een stalletje. Je maakt een praatje met de krantenverkoper. Dan blijkt dat hij een ex-journalist is die vroeger in het Verre Oosten heeft gewerkt. Je wordt uitgenodigd voor een etentje om een paar van zijn vrienden te ontmoeten, die daar allemaal journalist zijn geweest. Aan

tafel krijg je veel informatie en contactadressen. Plotseling merk je dat je verbonden bent met het netwerk in dat deel van de wereld waar je intenties liggen.

TIPS OM VERBINDING TE STIMULEREN EN TE ACTIVEREN

- Scherp je intuïtie, begin op kleine dingen te letten.
- Mediteer.
- Laat de tijd los.
- Zoek nieuwe netwerken of maak ze zelf.
- Verdiep je in zen.
- Visualiseer je verbinding met het krachtenveld en vraag om steun.

Synchroniciteit

Synchroniciteit komt altijd voor, of we nu een spirituele instelling hebben of niet. Synchroniciteit is betekenisvol toeval. Wij geven er betekenis aan. Hoe meer we kunnen putten uit verschillende bronnen, zoals innerlijke rust en opmerkzaamheid, hoe groter de kans dat er een betekenis uitrolt, hoe beter zicht we hebben op de dingen die bij elkaar komen en hoe beter we deze kunnen interpreteren (duiden). Uiteindelijk ervaren we dan ook meer synchroniciteit.

Daarom staat bij dit anker ook 'Aha'. Als we synchroniciteit ervaren, hebben we bijna altijd een Aha-Erlebnis voor datgene wat zo wonderlijk samenvalt.

Leven / management in het nu

De brug tussen synchroniciteit en ritme wordt gevormd door leven en management in het nu. Hierin zit de oude wijsheid van de tao besloten, de kunst van wu-wei.

'Wu-wei is de kunst en techniek om een volmaakte stroom van gebeurtenissen te verkrijgen. De kunst is niet tegen de draad van de dingen in te werken, maar het juiste ogenblik af te wachten zonder overhaast iets te forceren. Het goede ogenblik is gemakkelijk te herkennen. Het is daar wanneer handelingen bijna uit zichzelf op hun plaats lijken te vallen.'

UIT: *HET TAO VAN TIJD*, D. HUNT EN P. HAIT

Het eindpunt van het kwadrant is tevens het startpunt. In momentmanagement, het management in het nu, manifesteert zich synchroniciteit. Die bevorderen we wanneer we in harmonie (in ritme) leven met ons zelf en wanneer we in balans zijn met anderen om ons heen, dus ook met de mensen in onze werkomgeving.

In het synchroniciteitskwadrant speelt synchroniciteit zich af in het nu. Op zo'n moment beleven we geen lineaire tijd. Die tijdsbeleving komt overeen met die van de Hopi-indianen in het zuidwesten van de Verenigde Staten. Hun leven speelt zich af in het heden, in het nu. Het nu vormt het middelpunt van een zich voortdurende herhalende stroom van gebeurtenissen. Wat vandaag niet af komt, kan morgen voltooid worden. Dingen veranderen niet als je naar de toekomst kijkt, ze worden niet beter of slechter. Deze tijdsbeleving staat haaks op onze westerse lineaire beleving van de tijd.

TIPS OM SYNCHRONICITEIT TE ACTIVEREN EN STIMULEREN

- Ga reizen.
- Neem een andere route naar je werk.
- Bezoek congressen / ontmoet mensen.
- Ga naar ongewone plaatsen.

- Verander iets aan je werkplek.
- Neem een flexdag.
- Doe iets anders dan gewoonlijk.
- Verander tijd en plaats van maaltijden.
- Maak een tijdloze week zonder vast programma.
- Begin een nieuwe hobby of sport.
- Verdiep je in de I Tjing, het Chinese orakelboek. Krijg zo inzicht in synchroniciteit en gooi bij belangrijke vragen de munten.
- Vertel verhalen. Waar je praat is onbelangrijk. *Dia-loog* is het Oud-Griekse woord voor 'stroom der betekenissen'.
- Verdiep je in het duiden, het interpreteren van aanwijzingen die op je pad komen.
- Let bij speciale momenten zoals geboorte, overlijden, verliefdheid, een persoonlijke crisis, reddingen, reizen, op het fenomeen synchroniciteit.
- Let op momenten die afwijken van het patroon. Wellicht is dit een knooppunt.
- Let op de gedachten die plotseling in je opkomen.
- Wees opmerkzaam op de details: een roos is meer dan een roos.
- Neem wat meer risico's.

Momentmanagement

Synchronistisch management of leiderschap is leiderschap in het nu, is momentmanagement. In dit moment gebeurt het. Wees extra alert en opmerkzaam, want in het moment komen alle dingen samen. Dit is het juiste moment! De Engelse taal omschrijft zo'n moment mooi als *in a split second* of als een *defining moment*. Soms moeten we op het juiste moment wachten. Het juiste moment kunnen we namelijk niet afdwingen, wel kunnen we er een grotere gevoeligheid voor ontwikkelen. Met zo'n gevoeligheid kunnen we het juiste moment beter 'pakken' en het effect ervan vergroten.

Het aanvoelen van het juiste moment in momentmanagement vereist inzicht en enige oefening. In momentmanagement zit een beweging van *inside out* en van *outside in*. Aan de ene kant stemmen we ons af op onze innerlijke vermogens (de microkosmos), aan de andere kant stemmen we ons af op wat er van buiten op ons af komt (de macrokosmos). Om momentmanagement te ervaren en te versterken zijn drie ingrediënten nodig: kennis, kansen en verbinding.

Kennis

We dienen kennis te hebben van een holistische samenhang, oftewel te weten dat alles met elkaar samenhangt en dat alles invloed op elkaar uitoefent. We dienen te weten dat we een groeiproces kunnen ondergaan. Dat we in een organisatie, in teams en groepen van elkaar kunnen leren als lerende organisatie. Continu leren is van levensbelang voor organisaties die willen innoveren. Het betekent dat we voortdurend nagaan of we ingeslopen routines of denkpatronen dienen te veranderen, zodat activiteiten beter in harmonie blijven met de omgeving.

Kansen

We dienen een gevoeligheid voor kansen te ontwikkelen. Kansen zijn als het ware de energiestromen die aan ons voorbij trekken. Zo scannen ondernemers het zakenlandschap af op zoek naar mogelijkheden. Een kans in ondernemerschap is 'een positieve situatie waar winst waarschijnlijk is en waar de beslisser invloed op kan uitoefenen op het eindresultaat' (uit: *Management met Synchroniciteit*, Ruud Heijblom). In zo'n situatie komen geld, kennis en middelen bij elkaar. We kunnen kansen scheppen door gevoelig te zijn voor nieuwe contacten in netwerken.

Verbinding

Wanneer we ons afstemmen op onze innerlijke vermogens en ons krachtenveld, worden we een ijzersterke veranderagent in onze organisatie. We kunnen altijd invloed uitoefenen. Vanwege het golfjeseffect heeft onze invloed zelfs onbedoelde en grote gevolgen. Met het golfjeseffect doel ik op het effect dat ontstaat wanneer we een steentje in het water gooien. Er ontstaan golfjes. Dat gebeurt ook met ideeën die in een organisatie te berde worden gebracht. Ze veroorzaken altijd beweging.

KANSEN PAKKEN

Als voorbereiding op ons bezoek aan een bedrijf maken we een intensieve voorstelling van de manier waarop dit bedrijf zou kunnen groeien en floreren wanneer het onze opleidingen zou doen. We stemmen onze visie af op de situatie. Bovendien vragen we hulp vanuit het krachtenveld. Tijdens ons gesprek ontdekken we dat we op de juiste tijd hebben aangeklopt bij de juiste persoon. Het blijkt de juiste persoon te zijn omdat we een goede 'klik' met hem hebben, een project ontstaat als vanzelf.

We kunnen onze gevoeligheid voor kansen trainen zodat we op het juiste moment de kansen pakken. Deze training is erop gericht een verbinding met ons krachtenveld tot stand te brengen zodat we om assistentie kunnen vragen. Hiertoe kunnen we vier stappen zetten:

1 Versterk je intentie
Formuleer in zo zuiver mogelijke bewoordingen je intentie en de manier waarop je die vervuld wilt zien.

2 Versterk je waarneming
Wees aandachtig en opmerkzaam bij wat er om je heen gebeurt. Wees je bewust van de elementen waaruit communicatie is opgebouwd. Denk aan de zogenaamde VAK-elementen:

- visueel, wat zie ik?
- auditief, wat hoor ik?
- kinetisch, wat ervaar ik / welke acties neem ik waar?

2 Wees alert op de taal van de symbolen
Veel informatie dient zich aan in symbolische vorm.

- Wat betekent een bloeiende tuin?
- Is een huis een huis?
- Wat betekenen dieren voor ons?

4 Leer van elkaar

- Vertel je verhaal aan anderen.
Wanneer je het verhaal vertelt, ontdek je de onwaarschijnlijke toevalsmomenten en leg je de verbindingen.

Synchroniciteit in het verleden

Om gevoeliger te worden voor synchroniciteit helpt het terug te gaan naar synchronistische momenten die eerder in ons leven hebben plaats gevonden. Met zogenaamde synchro-connectiekaarten kunnen we ons de omstandigheden van deze momenten beter herinneren. Meestal zijn ze namelijk wat weggezakt.

Er zijn eenvoudige synchro-connectiekaarten. Deze zijn gericht op het terugblikken op één gebeurtenis met synchroniciteit. Ze maken ons bewust van het fenomeen, het tijdstip of de periode waarin dit optrad en de invloed die dit moment heeft gehad op ons leven. Er zijn de meervoudige synchro-connectiekaarten, waarop we een aantal synchronistische gebeurtenissen op de tijdlijn kunnen zetten. Vaak lukt het dan een verband, een grote lijn te zien die ons inzicht geeft in onze bestemming.

Het doel van een connectiekaart is ons bewust te maken van de synchroniciteiten die in ons leven zijn opgetreden. Door terug te blikken op deze gebeurtenissen in ons leven vergroten we onze gevoeligheid voor synchroniciteit. Vragen die we kunnen stellen, zijn:

- Hoe belangrijk was timing?
- Wat was de betekenis?
- Welke keerpunten vonden er plaats?

Hoewel het moeilijk is in zo'n terugblik het oorspronkelijke gevoel te herbeleven, draagt hij wel bij aan bewustwording. Het doel is een gebeurtenis die we als synchronistisch hebben ervaren, te leren waarderen. Op dat bijzondere moment kwam een aantal dingen samen, wat voor ons een bijzondere betekenis had.

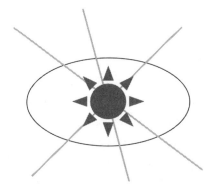

Voorbeeld van een synchro-connectiekaart

Hierna staan enkele voorbeelden van synchronistische gebeurtenissen, die bij twee deelnemers aan een workshop naar boven kwamen toen ze gebruikmaakten van de synchro-connectiekaart. De eerste is een privé-situatie, de tweede een managementsituatie.

DE PARKEERPLAATS

Ik ben met de auto op weg. Tijdens de rit maak ik een tussenstop op een parkeerplaats langs de snelweg. Het is al avond en een beetje regenachtig.

Op deze parkeerplaats komt een man op een fiets aanrijden en vlak bij de auto valt hij van zijn fiets. Onduidelijk is waarom hij valt. Ik zit nog in de auto en zie het gebeuren. De man van de fiets raakt buiten bewustzijn en ik pak zijn hand om hem wat gerust te stellen. Ik bel de ambulance, die vrij snel komt. Als de man in de ambulance wordt geschoven, komt hij weer bij kennis en zegt: 'Ik wist dat u er was, dank u wel.'

HET OPSTARTEN VAN EEN SCHOENENZAAK

We hebben het idee een schoenenzaak op te richten, waarbij de schoenen uitsluitend uit hergebruikte materialen bestaan. Geheel onverwacht blijken een paar mensen bereid ons te helpen met dit idee. Ze maken spontaan prototypes en brengen ons in contact met anderen. We krijgen een groot bedrag aan geld toegewezen om een proefserie te laten maken. We komen in contact met een toeleverancier, die ons vertelt van een expert die alles weet van de mogelijkheden om diverse materialen te gebruiken. Deze expert lijkt onbereikbaar. Na een jaar komen we plotseling met hem in contact. Hij blijkt de buurman van onze vader.

De gebeurtenis op de parkeerplaats maakte veel indruk op de vrouw. Ze vroeg zich af wat dit allemaal voor betekenis heeft. Ze vond het een echte synchronistische gebeurtenis. Bij het opstarten van de schoenenzaak ervoer de ondernemer die deze zaak wilde beginnen, de ontmoeting met de expert als een keerpunt.

Knooppunten in bedrijf of carrière

Ook in het bedrijfsleven kunnen we onze gevoeligheid voor synchroniciteit vergroten en daarna inzetten voor onze concurrentiepositie. Wil een onderneming in de markt blijven, dan zal ze concurrentievoordelen dienen te hebben. Een concurrentievoordeel gaat echter niet eeuwig mee. Daarom is het nuttig terug te gaan in de tijd en te zien waar er momenten van vernieuwing zijn geweest. Vaak zijn dit momenten waarbij tijd, plaats, middelen en mensen op een bijzondere manier bij elkaar kwamen. Kunnen we daar een patroon in ontdekken? Kunnen we er iets uit leren voor de toekomst?

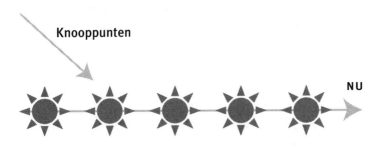

Hierna volgen tien tips om creatief met het toeval om te gaan, zodat je je bedrijf in de goede richting kunt sturen.

1 BESCHOUW 'OPMERKZAAM ZIJN OP SYNCHRONICITEIT' ALS KERNCOMPETENTIE

Het motto is: sta open voor het betekenisvolle toeval. Maak van het zien van synchroniciteit een nieuwe kerncompetentie binnen jouw bedrijf. Volgens de kerncompetentiematrix biedt deze nieuwe kerncompetentie megakansen. Wanneer we ons bewust worden van toevalligheden door er specifiek op te leggen, scheppen we een scala aan nieuwe mogelijkheden en ontdekkingen (markten).

NIEUW	**BESCHERMEN**	**MEGAKANSEN**
BESTAAND	**VERBETER**	**WITTE VLEKKEN** (combineer)

De kerncompetentie matrix

2 HOUD ALTIJD EEN NOTITIEBOEKJE IN DE BUURT

Noteer toevalligheden die je op een dag tegenkomt in een notitieboekje. Stel daarover vragen: Waarom? Hoe is het mogelijk dat? Maak associaties.

3 VERTEL MEER VERHALEN (OVER KLANTEN, OPDRACHTEN, ACQUISITIES)

Door een verhaal te vertellen kunnen we bijzondere momenten toevoegen die verrassende wendingen kunnen geven aan het verhaal. Dat geeft vaak een onverwachte uitkomst.

RUUD HEIJBLOM

4 LET OP DE TIMING

Let op het juiste moment, het moment waarop de juiste plaatsen, de juiste personen bij elkaar komen. Wees alert en opmerkzaam. Let op details en op gedachten en indrukken die plotseling opkomen. Let op speciale momenten van veranderingen.

5 GA NAAR ONGEWONE PLAATSEN. DOE IETS ANDERS DAN GEWOONLIJK

Verander je werkplek of neem een flexdag. Begin een nieuwe hobby of sport. Neem een andere route.

6 STIMULEER FLOW. ZEG MEER 'JA'

Sta open voor de mogelijkheden. Wees ontvankelijk. Werk met passie.

7 LET OP RESONANTIE EN DE EFFECTEN ERVAN. WISSEL AF MET RUST. BRENG BEWEGING IN HET BEDRIJF

Dans of doe aan sport. Zorg voor plezier. Zorg voor trilling. Zing en mediteer.

8 STEL KNOOPPUNTVRAGEN

Voorbeelden van zulke vragen zijn:
- Wat is onze intentie?
- Waar willen we naar toe en wat is belangrijk?
- Hoe is het mogelijk dat mij (ons) dat nu juist overkomt (toe komt)?
- Ik heb dat nu meegemaakt. Wat betekent het voor mij (ons)?

9 CREËER SAMENHANG

Denk aan het synchroniciteitskwadrant en pas het toe.
- Ritme: Deel het ritme / in resonantie / in trilling zijn.

- Synchronisatie: Bevorder gelijktijdigheid voor efficiëntie.
- Verbinding: Let op de harmonieuze connecties / relaties met mensen.
- Synchroniciteit: Manage in het nu met intuïtie en gevoelsmatige verbinding.

10 VOER LEKGOTLA-VERGADERINGEN

Vergader met een formule waarin iedereen uit ervaring zijn zegje kan doen. Een voorbeeld daarvan is de manier waarop men in Afrika vergadert. Dat heet de Lekgotla. In de Lekgotla ontstaat een uitwisseling van persoonlijke ervaringen met een bepaald onderwerp. Daarbij gaat het niet om 'standpunten'.

Samenvatting

De meeste organisaties houden niet zo van toevalligheden. Leiders en managers geven er de voorkeur aan te sturen op indicatoren die bekend zijn. Open staan voor het toeval, open staan voor synchroniciteit kan organisaties echter nieuwe kansen geven. Dan is het wel zaak dat leiders op een andere manier dan ze gewend zijn, creatief gaan leiden met synchroniciteit.

Het synchroniciteitskwadrant maakt duidelijk dat er vier ankers zijn, basisvoorwaarden, om synchroniciteit te pakken als ze zich aandient. Leiders die creatief leiden op synchroniciteit managen in het nu. Zij zijn de spirituele leiders onder ons, die óók organisaties leiden.

Literatuur

Berg, L. van den, *De helende stem*. Ankh-Hermes, Deventer
2005.

Bonewitz, R.A. & Verner-Bonds L., *Kosmische kristallen*.
Ankh-Hermes, Deventer 2001.

Boyatzis R. & McKee A., *Resonant Leadership*. Harvard Business School Press, Boston 2005.

Cousto, H., *Die Oktave, Das Urgesetz der Harmonie*. Simon
und Leutner, Berlijn 1992.

Heijblom R., *Management met synchroniciteit*. Nelissen, Soest
2005.

Jenny, H., *Cymatics, volume I en II*, Basilus, 1974.

Kaste, C. de, *Muziektherapie met klankschalen*. Ank-Hermes,
Deventer 2000.

Liefde, W.H.J. de, *Lekgotla, the Art of Leadership through
Dialogue*. Jacana Media, Houghton 2003.

Rechtschaffen, S., *Onthaasten*. Forum, Amsterdam 1996.

Senge P., Schermer C.O., Jaworski J., Flowers B.S., *Presence*.
Doubleday, New York 2004.

Hunt D. & Hait P., *Het Tao van tijd*. Bigot & van Rossum,
Baarn 1990.

Het heden managen vanuit de toekomst

Hoe kun je zweven (flow) zonder zweverig te worden? Hoe kun je doen zonder gedoe? In de loop der jaren hebben wij bij Nieuwe Dimensies geleerd dat de meeste managers impliciet interesse hebben in spiritualiteit, maar er expliciet vaak verzet tegen plegen. Hun verzet is niet gericht tegen de essentie van spiritualiteit, maar tegen de manier waarop het onderwerp wordt gebracht. Als je dat niet 'aards' genoeg doet, krijg je al snel het etiket 'zweverig' opgeplakt en daar moeten managers (terecht) niets van hebben. Wil je managers bereiken met een spirituele boodschap, dan dien je met paradoxen te kunnen omgaan. Dan dien je in staat te zijn te communiceren met de voeten op de grond en het hoofd in de hemel. Kun je dat niet, dan verval je al snel in of-ofgedrag: of je bent bezig met aardse zaken of met spirituele zaken. Spirituele boodschappen die niet geworteld zijn in de aarde, worden zweverig en daar staan managers niet voor open.

Het vereist een innerlijke expansie om met paradoxen te kunnen omgaan. De Amerikaanse verlichte dichter Walt Whitman (1819-1892) omschreef het zo: *'I contradict myself because I am so vast.'* Wie niet met contradicties kan omgaan, vervalt in discussie en wil 'overtuigen'. Het wordt jouw standpunt tegenover het standpunt van de ander. Je roept op die manier onvermijdelijk ellende over jezelf af. Daarom zijn de bereidheid en het vermogen tot dialoog misschien wel de meest spirituele aardse kwaliteit van een 'spirituele manager'. In een dialoog heeft niemand gelijk en niemand ongelijk. Alles is mogelijk. Er is geen reden tot verdedigen. Moet je eens zien wat er dan kan...

Aardse spiritualiteit is de eenvoud in het hart van complexiteit

Als we wisten wat we deden heette het geen onderzoek.
ALBERT EINSTEIN

Is geld spiritueel of materieel? Een mooie vraag om discussie over spiritualiteit los te maken. Ga je echt met iemand in dialoog over deze vraag, dan blijkt al snel dat geld zowel materieel als spiritueel kan zijn. Het interessante woord in de vorige zin is 'kan'. 'Kan' is een woord uit de wereld van de mogelijkheden. En de wereld van de mogelijkheden is de wereld van de geest. Omdat de wereld van de mogelijkheden managers wel aanspreekt, kunnen we nu een heel ander gesprek voeren over 'geestelijk'. We hoeven niet eens meer het woord 'spiritueel' te gebruiken. Duik de wereld van de mogelijkheden binnen, help managers zien hoe ze bij mogelijkheden komen, hoe ze die kunnen omzetten in werkelijkheid, hoe ze het 'onmogelijke mogelijk kunnen maken', hoe ze de wereld van de mogelijkheden mislopen en ze staan meteen aan jouw kant. Dan zijn we bezig met spiritueel management. We hoeven het helemaal niet te hebben over chakra's* en aura's**. Is daar dan iets mis mee? Nee, maar de vraag is of we managers bereiken wanneer we het daarover hebben. Als we iemand niet hoeven te

JAN BOMMEREZ

overtuigen, gaan we sneller vooruit. Zo is het gewoon. En hoe scheppen we een ruimte waarin we niemand hoeven te overtuigen? Door geen stellingen in te nemen die we dienen te verdedigen. Simpel toch.

Spiritualiteit heeft dus te maken met de wereld van mogelijkheden. We lopen echter vaak in de valkuil dat we mogelijkheden afsluiten. Hoe doen we dat? Laten we daar samen eens naar kijken.

De kern van de wereld van mogelijkheden is dat alles kan en niets moet. Telkens wanneer we een vorm van 'moeten' introduceren, sluiten we een deur naar de wereld van mogelijkheden. Is het zo simpel? Ja, zo simpel is het. Onderzoek het vooral zelf, geloof vooral niets van wat ik hier schrijf. Wanneer je gelooft, ben je mentaal bezig. Wanneer je onderzoekt, ben je spiritueel bezig. Denk je misschien dat spiritualiteit te maken heeft met geloof? Kijk, als je dat denkt, ben je al aan het geloven. Zo kom je nooit in de wereld van de mogelijkheden. Ik hoor je al tegensputteren: 'Hou nu toch eens op zeg. Ik word hier onzeker van!' Prima. Als je zeker bent, verkeer je niet in de wereld van de mogelijkheden. De behoefte aan zekerheid is misschien wel de grootste barrière die ons belemmert de wereld van de mogelijkheden te betreden. Is er trouwens iets mis met de behoefte aan zekerheid? Nee. Begin je al wat gevoel te krijgen voor paradox? Spannend hé? De beste hamburgers worden gemaakt

---

* Van het Sanskriet, Cakra wiel. Verwijst naar energetische centra in ons lichaam die overeenkomen met ons hormonaal systeem.

** Een voor het oog onzichtbaar energetisch veld dat bestaat rondom alle levende organismen. Moderne technologie kan dit veld wel zichtbaar maken.

van het vlees van heilige koeien...

Nu even terug naar mijn vraag of geld materieel of spiritueel is. Vele mensen die zich met spiritualiteit bezighouden, zijn arm uit keuze (geld is niet spiritueel) of hebben geldproblemen die ze eigenlijk liever niet zouden hebben. Zie je wat het woordje 'of' doet? Het sluit mogelijkheden af. Als het dit is, kan het dat niet zijn. Wie zegt dat? Weet je zeker dat dit waar is? Heb je die aanname ooit tot op de bodem onderzocht? Of heb je hem aangenomen als waar?

Mijn waarheid is niet de waarheid

Zodra we volledig beseffen dat onze waarheid niet de waarheid is, zijn we spiritueel bezig. Niets is zo verstarrend als mijn waarheid uitroepen tot de waarheid. Als ik 'de waarheid' heb, en als die anders is dan jouw waarheid, ben jij degene die het niet snapt. Hoe ga ik dan met je om?* Sta hier eens bij stil. Lees even niet verder. Als je blijft geloven wat je altijd al geloofde, zul je blijven denken wat je altijd al dacht en zul je blijven krijgen wat je altijd al kreeg. Op die manier stel je grenzen aan de we-

---

* Zoals in 'mijn God is de juiste' en jij bent dus een dwaler: ik zal je wel bekeren mannetje en als dat niet lukt schiet ik je wel dood... Of ik keer me helemaal van je af, want ik wil met jouw soort mensen niets te maken hebben. Als je dat soort fanatisme niet leuk vindt, onderzoek dan eens hoe jij je gedraagt als je fanatiek aan een overtuiging vasthoudt. Hoe ga je dan om met jezelf? Met anderen? Met de feiten? Krijg je dan stress of innerlijke vrede? Krijg je dan discussie of dialoog? Maak je dan vrienden of vijanden?

JAN BOMMEREZ

reld van mogelijkheden: iets is alleen mogelijk binnen het grensgebied van jouw overtuigingen. Wat mogelijk is voor jou, past binnen jouw huidige context. Dat geldt ook voor je medewerkers: wat mogelijk is voor hen, is wat mogelijk is binnen hun context. Een context bestaat uit een aantal aannames die bepalen wat mogelijk is voor ons. Zolang we die context niet veranderen, lopen we tegen dezelfde grenzen aan. We begrenzen onszelf doordat we onze waarheid (onze context) als de waarheid zien. Tegelijkertijd begrijpen we niet waarom die ander ons niet snapt. Hoe verlicht is ons leiderschap dan? Dat valt echt tegen.

Wanneer we onze waarheid als de waarheid zien, helpt het weinig onze mantra* te zingen. Er zijn veel mensen die mantra's zingen, maar die totaal niet horen wat andere mensen zeggen. Deel van hun context is dat het zo jammer is dat jij geen mantra's zingt, 'want dat zou zo goed zijn voor je'. 'Zij hebben ogen maar ze zien niet; ze hebben oren maar ze horen niet.' Zo staat het in de bijbel. Vertaald naar hedendaagse taal betekent dat: we kunnen niet zien wat onze eigen context ons niet kan tonen en we kunnen niet horen wat onze eigen context ons niet kan laten horen. Waar hangt dus de klepel? In de context**. Om te zien wat we voorheen niet konden zien, dienen wij onze context te verruimen. Om de wereld van de mogelijkheden te betreden dienen we onze context te verruimen. Hoe krijgen we dat voor elkaar? Dat is het wezen van transformationeel leiderschap.

---

* In hindoeïstische of boeddhistische meditatie, een heilige klank of zin die voortdurend wordt herhaald om het bewustzijn te transformeren.
** Zie ook de bijdrage van Kees van Zijtveld in dit boek.

Het grote verschil tussen veranderingsmanagement en transformationeel leiderschap is dat het eerste over de 'content' (inhoud) van het bewustzijn gaat, en het tweede over de 'context', dat wil zeggen ons bewustzijn (het zijn) zelf. En dat verschil brengt ons terug bij het onderwerp van dit boek: businessspiritualiteit. Ik zal het verschil duidelijk maken met een voorbeeld uit de praktijk.

Een groot bedrijf dat tientallen jaren marktleider was op zijn gebied, verliest plots heel snel terrein aan allerlei kleinere en jongere organisaties die bruisen van ondernemerschap. De directie van het bedrijf zet daarom een veranderingsproject in om 'meer ondernemerschap' in de organisatie te brengen. Wat de leiding wil is dat mensen initiatief en risico nemen. Wanneer de bestaande context van het bedrijf, de zijnsstaat, echter niet verandert, kan ze dat wel vergeten. Wanneer die context gebaseerd blijft op zekerheid, is er namelijk geen ruimte voor echt ondernemerschap. Dan blijven er strategische planners bestaan die nieuwe ondernemersplannen bekijken en precies willen weten wat iemand bij stap vijf wil gaan doen. Weet hij dat niet, dan gaat het plan niet door. In een context van zekerheid zoekende mensen is er geen ruimte voor risico's. Wil het hoofdkantoor dat veranderen, dan zal het dus eerst de context dienen te veranderen. Daar kan transformationeel leiderschap bij helpen.

Van doen naar zijn

Zonder inzicht in de context (zijn, bewustzijn) blijven we schuiven met de inhoud (content) van ons huidige bewustzijn en verandert er niets. Doen, doen, doen en maar hopen dat er iets verandert. Dat kunnen we echter wel vergeten wanneer we niets veranderen in het zijn (de mentale structuur). Ons doen (proces) wordt namelijk geleid door de heersende (onzichtbare) mentale structuur en alleen wanneer we ons daar bewust van zijn, kunnen we die mentale structuur veranderen.

'Structuur bepaalt gedrag' is een van de hoofdregels uit het systeemdenken. Denk aan het terrein waar een rivier doorheen stroomt. Dat terrein (de structuur) bepaalt de loop van de rivier. Zolang het terrein niet verandert, zal de stroom niet veranderen. Een rivier kan wel even overstromen (een enthousiaste bijeenkomst met multimedia), maar daarna valt de rivier terug in haar bedding. Zolang de structuur niet verandert, zal het gedrag niet blijvend veranderen. De macht van de context (het terrein) verslaat de inspanning van het doen (de rivier). Keer op keer.

Als we het op deze manier over 'zijn' hebben, is het een heel praktisch onderwerp. Zijn is de context van het doen. Helemaal niet zweverig. Het belang van dit onderwerp zien we echter systematisch over het hoofd, omdat het 'zijn' niet zichtbaar is en we het niet als object (inhoud) ervaren. 'Zijn bepaalt doen', 'context bepaalt content': zelfde verhaal. Het is niet zweverig, maar we zien het vaak over het hoofd. We zijn er wat dat betreft vaak erger aan toe dan een ezel, want die stoot zich geen tweemaal aan dezelfde steen. Elk bedrijf dat met eenzelfde context een andere content wil bereiken, zal zich echter steeds opnieuw stoten aan dezelfde steen. De definitie van waanzin die de auteur Rita Mae Brown (*Mrs. Murphy's Mysteries*) ooit gaf, is ondertussen vrij bekend in managementkringen: steeds weer hetzelfde doen en andere resultaten verwachten... Dat is nu eens een goede definitie van gebrek aan bewustzijn.

Voor ons persoonlijk leven geldt hetzelfde. We blijven pijn hebben zolang we niet zien dat we ons stoten aan ons eigen gebrek aan bewustzijn. Kijk eens rond en zie hoe het is gesteld in je eigen leven. Tegen welke steen loop je telkens weer aan? Welk probleem lijkt maar niet uit je leven te willen verdwijnen? Waar heb je vaak emoties over? Daar loop je tegen je eigen context aan, keer op keer. Tot je ermee ophoudt omdat je 'het' hebt gezien. Het sleutelwoord is 'zien'. Zien heeft een nauwe relatie met 'zijn' (bewustzijn). En ook daar gaat businessspiritualiteit over: zien wat je eerder niet zag, mensen helpen zien wat ze eerder niet konden zien, het 'onmogelijke mogelijk maken' door de context te veranderen.

Tracy Goss, auteur van *The Last Word on Power*, gebruikt een mooie metafoor voor dit zien. Je erft een huis van je oma, maar je houdt niet van de kleur van de muren, de meubels, de vloer. Je haalt het behang van de muur en het tapijt van de vloer en je vervangt alle meubelen. 's Avonds doe je het licht aan en alles ziet er nog steeds zo raar uit. Dan pas zie je dat er overal blauwe lampen zijn gebruikt. Je hebt de inhoud veranderd, maar het probleem zat in de context. Context is te vergelijken met de kleur van het licht: hij kleurt de hele inhoud (content) van ons bewustzijn. Het levert dan niet zoveel op wanneer je alleen de meubels verschuift.

'Doen' dat niet voortkomt uit 'zijn' is als schuiven met de meubels. Of, erger nog, als ordenen van de stoelen op de zinkende Titanic. Vind je dat overdreven? Wat denk je dat leiders doen wanneer ze bedrijven afslanken, herstructureren, re-engineeren en vervolgens weer bij af aankomen? Ze brengen weliswaar kortstondig veranderingen tot stand, maar de rivier herneemt telkens haar oude loop. Ze hebben de blauwe lampen gemist. Ze hebben ogen en ze zien niet, oren en ze horen niet...

Wat is er echt aan de hand met die herstructurerende leiders? Hun 'doen' is als 'het schuiven met de meubelen', hun doen wordt geleid door hun denken, niet door hun 'zijn' (bewustzijn). Hun denken wordt geleid door hun overtuigingen, oftewel hun oude context. Leiders die hun eigen overtuigingen en aannames niet wensen te onderzoeken, kunnen 'het onmogelijke niet mogelijk maken'. Ze blijven schuiven met de meubels.

Tot Einstein daar verandering in bracht, geloofden wetenschappers dat tijd een constante factor was. Dat was hun aanname, hun context. Wetenschappers die het gedrag van licht bestudeerden, liepen echter steeds weer vast in hun berekeningen. Ze wisten dat iets niet klopte maar ze wisten niet wat. Daar kwamen ze ook niet achter, omdat ze vasthielden aan de toenmalige aannames over licht. Licht was volgens hen een golfverschijnsel, en daarom was de lichtsnelheid variabel. Einstein daarentegen speculeerde dat de lichtsnelheid constant was en daarom moest hij op zoek naar een andere variabele om de elasticiteit van het universum te verklaren. De enige kandidaat daarvoor was tijd. Einstein kon de puzzel alleen oplossen door buiten de kaders van de bestaande context te treden. Zijn zoektocht mondde uiteindelijk uit in de formulering van de relativiteitstheorie die de hele fysica op zijn kop zette.

Einstein koos een andere constante en creëerde daarmee een context waarin alles anders kon worden gezien. Een wereld aan nieuwe mogelijkheden ging open. In management dienen wij ook op zoek te gaan naar een andere context. De huidige constante in de hoofden van managers is 'doen'. We moeten er iets aan doen! Waarom doe je nu niets? Wat zit je daar te niksen? Zet dat maar op je doelijstje. Waar is je actieplan? Management werd ooit gedefinieerd als 'dingen gedaan krijgen'. Doen, doen, doen... Wat zou er gebeuren wanneer we van 'zijn' de constante maakten? Het betekent een ware kwantumsprong, een einsteinse revolutie. Wat ons voorheen niet lukte door 'meer te doen', blijkt plots wel mogelijk door anders te 'zijn'.

Beeldenstormer Tom Peters vertelde tijdens een seminar in Brussel dat je met een doelstelling als 'plus 10 procent' alleen maar harder gaat lopen in hetzelfde kringetje. Zo'n doelstelling dwingt je niet buiten je oude context te gaan. Je gaat gewoon harder werken maar blijft binnen dezelfde kaders. En er komt een keer een limiet aan hoeveel meer je kunt 'hebben' door meer te 'doen'. 'Doen' is geen goede constante in een wereld waarin 'alles anders moet'. De oplossing zit in de context: zijn, bewustzijn.

Ik citeer nog eens Einstein (hij is de meest geciteerde wetenschapper aller tijden): 'Verbeelding is belangrijker dan kennis. Kennis brengt je van A naar B, verbeelding brengt je overal.' Hoe managen we verbeelding? Dat kunnen we niet. En dat is heel vervelend voor managers van de oude context. Misschien klinkt dit voor erg analytische lezers een beetje te filosofisch. En toch nodig ik je uit de nieuwe context te onderzoeken: zijn bepaalt doen en doen bepaalt hebben. Wil je andere resultaten? Dat kan door doen. Wil je totaal andere resultaten? Dat kan alleen door zijn. Geloof je dat niet? Ga dan niet in discussie, maar onderzoek je geloof.

Ziel, context, geest

Van woorden als ziel en geest worden vele managers zenuwachtig, behalve in combinatie met andere woorden zoals 'tijdgeest', 'teamgeest' en 'tegenwoordigheid van geest'. En toch onderschrijven ze wel de stelling dat de 'ziel van een organisatie' de factor is die het moeilijkst door concurrenten te kopiëren valt. Ze hebben ervaren dat het niet zoveel opbrengt wanneer je met NLP-achtige* redeneringen nabootst wat 'excellente ondernemingen' doen. Je kunt het 'doen' wel nabootsen, maar wanneer je de 'ziel', het zijn, de 'authenticiteit' van het handelen mist, is dat meteen te merken. Het is voor een klant toch overduidelijk of iemand glimlacht omdat hij echt blij is of omdat hij in een workshop geleerd heeft te glimlachen? Zo heeft een medewerker het ook meteen door of je hem daadwerkelijk als mens ziet, of dat je een leiderschapstechniek toepast en doet alsof je hem als mens ziet, maar in werkelijkheid zie je hem nog altijd als een productiemiddel. Hij heeft door dat je je aannames niet hebt veranderd, je mist de ziel. Je bent een aangeklede aap die kunstjes heeft geleerd.

Een voorbeeld van een bedrijf met een duidelijke ziel is 3M. De producten van 3M zijn misschien na te bootsen, maar de 'ziel' niet. Geen enkele multinational heeft ooit zoveel innovatie voortgebracht. Er zijn ook niet zoveel organisaties waar rebels gedrag zo wordt aangemoedigd en waar 'voorwaarts falen' zo'n ingeburgerd begrip is. 3M is een succes ontstaan uit een mislukking. Dat begin zit in hun genen. Het is deel van hun context. 3M staat voor Minnesota Mining and Manufacturing. De op-

---

* NLP staat voor Neuro Linguïstisch Programmeren.

richters van het bedrijf kochten een mijn en die bleek niets waard te zijn. Ze konden toen niet anders dan innovatief zijn. Hun nieuwe grondstof werd 'ideeën' en dat is nog steeds zo. Binnen die context wordt gewoon van medewerkers verwacht dat ze aan 'creatieve destructie' doen, oftewel ze maken de winnende producten van hun divisie zelf 'kapot' door met betere te komen en niet te wachten tot een concurrent dat doet. Ze leven naar het devies van Peter Drucker: 'De beste manier om de toekomst te voorspellen is er zelf een te maken.'

Het devies van Drucker brengt mij terug bij de titel van mijn bijdrage: Het heden managen vanuit de toekomst. Dat is businessspiritualiteit in actie. Wie vanuit 'kennis' managet, is bezig met het verleden. De reden waarom de meeste voorspellingen over de toekomst nergens op slaan, is dat ze projecties zijn van het verleden. Volgens Tom Peters hebben we tegenwoordig meer aan een sciencefictionschrijver in ons marketingteam dan aan een statisticus...

Back to the future IV

Analytisch denken is ongeveer de enige soort denken die we op school leren. We leren dat we alles kunnen benaderen als een probleem dat we dienen op te lossen. Die benadering passen we ook toe op mensen en menselijk gedrag. Managers zien mensen daardoor als 'oplossing voor problemen' zolang ze in het plaatje passen (de context) en als 'probleem' zodra ze niet meer in het plaatje passen. En vrolijk dat onze medewerkers daarvan worden... Wanneer we mensen niet zien als 'bundels mogelijkheden', geven we leiding vanuit een erg beperkte context. Tot we de context (onze aannames) veranderen, zullen we mensen benaderen als beperkte productiemiddelen. We halen dan ook niet meer uit hen dan onze beperkte visie toelaat.

Goethe stelde als kern van verlicht leiderschap en ouderschap: 'Behandel iemand zoals hij nu is en hij zal zo blijven. Behandel iemand zoals hij kan zijn en hij zal zo worden.' Dit credo kunnen we ook toepassen op organisaties: behandel ze zoals ze zijn (ongewijzigde context) en ze zullen zo blijven. Behandel ze zoals ze kunnen zijn (nieuwe context), en ze zullen zo worden. De grote contextverschuiving die we als managers dienen door te maken, is onze opvatting van 'problemen oplossen' (verandermanagement) te wijzigen in 'potentieel ontwikkelen' (transformationeel leiderschap). Een vlinder is niet een 'verbeterde rups': het is een totaal andere realiteit*. Verbeteringsmanagement is passé. De grote opdracht is: laat het oude los en verwelkom het nieuwe.

De oprichter en erevoorzitter van Visa, Dee Hock, zegt het ongeveer zo: 'Het probleem is niet om nieuwe ideeën te krijgen; het probleem is om de oude overtuigingen los te laten.' Hij verwijst in zijn woorden dus ook naar de noodzaak de oude context op te geven. Dat vergt van ons een nieuw soort denken, een totaal ander soort denken dan het analytische denken dat we op school hebben geleerd. Ik heb het dan over systeemdenken, holistisch denken, denken met onze rechterhersenhelft. Is er dan iets mis met analytisch denken? Nee. Dienen we het weg te gooien? Nee. We dienen vooral de of-ofge-

---

* Zie ons boek *Kun je een rups leren vliegen?'* en ook *Flow, en de kunst van het zakendoen*, beide uitgegeven bij Uitgeverij Nieuwe Dimensies.

woonte van het analytisch denken te overstijgen. Het is niet of analytisch denken of systeemdenken, het is beide, elk op het juiste moment. Het is niet of discussie of dialoog, het is beide, elk op het juiste moment. Het is niet management of leiderschap, het is beide, elk op het juiste moment. En hoe weten we wat het juiste moment voor wat is? Dat weten we alleen wanneer we heel goed waarnemen. En wat vereist dat? Dat we zeer aanwezig zijn, bewust zijn. En wanneer zijn we dat niet? Wanneer we worden geleid door ons denken alleen.

In een puur spiritueel streven naar 'verlichting' wordt ons geleerd dat we het denken dienen te overstijgen. Een praktische, aardse manager heeft daar niet zoveel aan. Hij wil niet 'verlicht worden', hij wil betere resultaten. En als hij dat kan bereiken door af en toe minder te denken, graag.

'Oordeelt niet,' zegt de bijbel. Managers doen niet anders. Dat hoort bij hun taak, hoe kun je anders beslissingen nemen? Hoe kun je anders bijsturen? Dus wat is voor hen het voordeel als ze niet langer oordelen? Dat is de ontdekking dat wanneer we niet langer oordelen, we pas echt kunnen waarnemen en dat we dan pas echt zien wat er is. Wanneer we oordelend kijken, zijn we aan het projecteren. In onze 'kijkshops' trainen wij mensen dan ook in waarnemen. We leren hun minder snel te oordelen. Dat is praktische businessspiritualiteit. Daar zijn managers ontzettend blij mee.

Systeemdenken begint met kijken. We zouden systeemdenken misschien beter 'systeemkijken' kunnen noemen, maar dat is een ander verhaal. In systeemdenken kijken we eerst en daarna denken we pas. We kijken naar drie zaken waar pure analytische denkers veel te weinig naar kijken:

1 de gewenste uitkomst, de gewenste toekomst (en die is nooit af te leiden uit het verleden);
2 de vermoedelijke toekomstige omgeving;
3 de criteria die ons toelaten vast te stellen of we bezig zijn de gewenste uitkomst te realiseren.

Pas in vierde instantie kijken we naar het onderwerp waar pure analytische denkers eerst naar kijken: de huidige situatie.

Systeemdenken vereist dus nogal een contextwijziging. Wanneer we leren 'denken' vanuit de toekomst, geven we voorrang aan verbeelding en intuïtie boven analytisch denken. We verkennen de binnenwereld op mogelijkheden in plaats van dat we de buitenwereld inschatten op moeilijkheden. We geven voorrang aan effectiviteit (de juiste dingen doen) boven efficiency (de dingen juist doen). We kunnen nooit de juiste keuzes maken wanneer we de toekomst niet meenemen in onze de redenering. De toekomst bestaat in ons, niet buiten ons. C.K. Prahalad, met Gary Hamel auteur van *Competing for the Future*, zei het zo:

'Managers have learned to look outward and forward. Now they have to learn to look inward.'

De toekomst bestaat uit mogelijkheden

In het systeemdenken zit analytisch denken als het ware besloten, zoals Einsteins paradigma de newtoniaanse natuurkunde niet tegenspreekt, maar overstijgt. In systeemdenken verwaarlozen we de lessen van het verleden niet. Wel beginnen we op een ander punt met onze redenering, de gewenste uitkomst. Doen we dat niet, dan bedenken we steeds opnieuw oplossingen die daarna het nieuwe probleem worden*. Systeemdenken kijkt naar gehelen, het is denken vanuit een helikoptervisie. We betrekken er zowel verleden, heden als toekomst bij, zowel binnenwereld als buitenwereld, zowel taak als relatie. Systeemdenken gaat over verbindingen in plaats van afzonderlijke stukjes. Systeemdenken is gebaseerd op de context in tegenstelling tot analytisch denken dat op content is gebaseerd.

Het is boeiend te ontdekken dat het woord 'intelligentie' zelf verwijst naar het 'zien voorbij de schijn'. Het komt van het Latijnse *interlegere*: *inter* betekent 'tussen' en *legere* 'lezen' of 'ertussen lezen', 'verder kijken dan de eerste schijn'. *Legere* kan ook staan voor 'kiezen'. Dan wijst intelligentie op onderscheidingsvermogen, eveneens een vorm van 'zien'. Intelligentie is misschien wel een beter woord voor wat we met 'bewustzijn' bedoelen dan het meestal verkeerd begrepen woord 'bewustzijn'.

Intelligentie is niet iets wat wij hebben, we komen eruit voort. In de natuur is een enorme intelligentie aan het werk. Dat is de enige intelligentie die bestaat. Wij nemen daarin deel, als we ons tenminste niet afscheiden door beperkende overtuigingen. Net zo is er maar één atmosfeer waarin we allemaal ademen. Het Geheel (noem het Universum of Geest of wat je maar wil) kan door een deel werken, zoals de oceaan de dynamiek van de enkele golf bepaalt. Het unieke aan ons mensen is echter dat

---

* Zie het voorbeeld van de jonge ingenieur die met systeemdenken het voorraadprobleem van zijn bedrijf omdraaide in een innovatieve aanpak die tientallen miljoenen opleverde in *Kun je een rups leren vliegen?*

wij een vrije wil hebben waardoor we ons mentaal kunnen afzonderen van het geheel. Wanneer we dat doen, worden we onintelligent of onbewust. Wat dat oplevert, zien we als we om ons heen kijken naar de wereld die we hebben voortgebracht.

Denken (intellect) is een zeer beperkte vorm van intelligentie. Toch bouwen wij daar hele beschavingen mee op, die echter vervolgens weer in elkaar storten. Intellect verhoudt zich tot intelligentie zoals de maan zich verhoudt tot de zon. De maan heeft geen eigen licht, maanlicht is een zwakke afspiegeling van het zonlicht. Zo is ons intellect een zwakke afspiegeling van de enorme intelligentie waar we uit voortkomen, waarin we bestaan en die in ons bestaat door het simpele feit dat we leven. Het vereist nederigheid om contact te maken met die intelligentie. Het vraagt van ons dat we onze plek in het grotere geheel waarnemen en dat we niet zo arrogant zijn onszelf te verheffen tot koning.

Het verhaal van Adam en Eva vertelt over die arrogantie. Het is de metafoor van het denken (kennis van goed en kwaad) dat zich verheft boven de intelligentie waaruit het is voortgekomen. Het verhaal van 'de val'. Hoe vaak hebben we niet gehoord dat hoogmoed voor de val komt. Het is misschien tijd te beseffen dat nederigheid voor de wederopstanding komt. Het is geen toeval dat Jim Collins in zijn bestseller *Good to Great** vast-

---

* *Good to Great* beschrijft een zeer merkwaardige studie door Collins van de bedrijven die het op zeer lange termijn op consistente wijze beter bleven doen dan de beurs. Hij stelde vast dat de leiders van deze organisaties 'illustere onbekenden' waren en dat intrigeerde hem zeer. De rest kun je in zijn verslag lezen.

stelt dat de zeer uitzonderlijke leiders die hij bestudeert, allemaal gekenmerkt worden door nederigheid en vastberadenheid. Het zijn dienende leiders die er helemaal niet in geïnteresseerd zijn op de voorpagina van de krant te komen. Deze dienende leiders zien het niet als hun taak hun medewerkers te overtuigen van hun 'briljante ideeën'. Integendeel. Ze geloven in dialoog met klanten, leveranciers en medewerkers en in de intelligentie die aanwezig is in echte dialoog, de enige intelligentie die er is. De intelligentie die het Geheel doet draaien.

Leven, intelligentie, zijn, bewustzijn, allemaal woorden die verwijzen naar hetzelfde onbenoembare. Het onbenoembare dat ontelbaar vele verbindingen coördineert in het nu. Want dat is wat het Leven doet. Sta eens stil bij de functies van je lichaam. Hoeveel zijn er en hoe worden ze gecoördineerd? Zijn dat er tientallen, honderden, duizenden? Nee, het zijn er miljoenen. Hoe zou je een intelligentie noemen die al die functies kan coördineren? Is het niet interessant te weten dat die in ons aan het werk is en dat we er bewust verbinding mee kunnen maken door ons denken zijn juiste plek te geven? Dat wil zeggen door ons denken niet op de troon te plaatsen. Wie zei alweer dat we kunnen vaststellen hoe wijs een leider is door ons af te vragen in hoeverre hij zich laat leiden door zijn hart? Welke intelligentie huist in ons hart? Hoe sluiten wij ons ervan af? Hoe helpen we mee aan de afsluiting ervan in het hart van onze medewerkers? Hoe intelligent is dat? Dit zijn leuke vragen om te onderzoeken.

Onze diepere aard

Wat mensen uniek maakt (behalve onze vrije wil waarmee we ons kunnen verzetten tegen de Intelligentie van de natuur) zijn onze merkwaardige hersenen. Het vergde miljoenen jaren van evolutie om een organisme voort te brengen dat rechtop loopt, waardoor er hersenen konden evolueren die zo gevoelig zijn als die van ons. Die hersenen kunnen niet te veel spanning aan of ons hoofd komt in de problemen. En met ons hoofd komt ons hele systeem in de problemen. Komt het daardoor dat we de intelligentie van het hart zo lang over het hoofd hebben gezien?

Mensen die zich met die intelligentie van het hart bezighouden, zijn onder anderen de wetenschappelijke onderzoekers van Heartmath* (hartwiskunde). Ze noemen zichzelf *'world leader in creating innovative solutions for everyday challenges'* en ze hebben een aanpak ontwikkeld die in steeds meer bedrijven ingang vindt. Achterliggende idee ervan is dat we veel intelligenter en gelukkiger kunnen zijn wanneer we geen stress in ons lijf hebben.

Een van de interessante ontdekkingen van de onderzoekers is dat het energieveld van het hart vele malen groter is dan het energieveld van de hersenen. Is dat niet een ontdekking waar je je even meer in wilt verdiepen? Ik hoop van wel. Waar ik nu dieper op inga, is de kwestie hoeveel intelligenter wij onze hersenen kunnen gebruiken als we snappen dat hun voornaamste functie niet het denken is. Gaat je denken steigeren als ik dit zo stel? Adem diep in en stel je oordelen uit. Ik nodig je uit je

---

* Zie www.heartmath.com.

context te verruimen. We zijn dan in dialoog met elkaar. Klaar voor een reis door je hoofd en je hart?

Ik begin met een vraag: kun je zien dat je hart en je hoofd met elkaar zijn verbonden in één systeem? Kun je misschien ook zien dat het een kwestie van geloof is (en niet een bewezen feit) dat we het hoofd boven het hart stellen? En dat we er goed aan doen te onderzoeken of er wel zo'n hiërarchie is? Ben je ook bereid te onderzoeken of de intelligentie die aan het werk is in je hersenen, dezelfde is die aan het werk is in je hele organisme? Kun je misschien ook zien dat diezelfde intelligentie ook aanwezig is in medewerkers? En dat ze ook de planeten in hun banen houdt? Als je deze vragen wilt onderzoeken, kun je daarna met nieuwe ogen kijken naar je hersenen. Dan ontdek je wellicht dat één functie in de hersenen zich heeft uitgeroepen tot koning. Deze zelf gekroonde koning in ons zorgt voor veel stress in onszelf en onze relaties. Hij zorgt ervoor dat wij geloven in afscheiding (van het Geheel met zijn onbegrensde intelligentie en bronnen), waardoor wij ons onzeker en angstig voelen en ons opsluiten in defensiemechanismen en overlevingspatronen. Daardoor gaan we nog meer waarde hechten aan die ene functie, een helse vicieuze cirkel. Daarover later meer.

Laten we het eerst over de hel hebben. Dit is een onverwachte wending, maar een heel leuke. Het woord 'hel' komt van het Oud-Engelse werkwoord 'to hell' wat betekent 'met een muur omringen'. De etymologische betekenis van 'hel' is afscheiding. Intuïtief zouden we daaruit kunnen afleiden dat de weg terug naar het paradijs te maken heeft met verbinding. Weet je nog dat het woord 'intelligentie' betrekking had op 'verbinden'? Trek nog geen conclusies, onderzoek alleen wat ik zeg.

Neem niets klakkeloos van mij aan, dat is de afspraak.

Nu terug naar de hersenen. Ik ga het niet hebben over de anatomie van de hersenen, maar wel over verschillende frequentiebanden van de hersenen en over verschijnselen die bij die staten horen. Het zijn allemaal meetbare zaken, die vast te stellen zijn. Sceptici zijn welkom. Maak je geen zorgen, we komen ook weer uit bij de zakelijke wereld.

Hersenfrequentie en intelligentie (bewustzijn)

De vier bekendste frequentiebanden van de hersenen worden aangeduid met Griekse letters: bèta, alfa, thèta en delta. Hierover valt nog veel meer te vertellen, maar voor ons onderwerp is dit genoeg. In de bètastaat ligt de frequentie in onze hersenen tussen 15 en 35 Hz*. Een hogere frequentie wijst op meer activiteit. We zijn behoorlijk 'bezig' in ons hoofd als onze hersenen in de bètastaat verkeren. Iemand die 'veel aan zijn hoofd heeft' zit in de hogere bèta. Zo ligt de frequentie bij iemand die depressief is en niet ophoudt met malen, rondom de 35 Hz. Veel denken betekent meer bètagolven. Meer bètagolven wijzen ook op meer spanning, meer stress.

Meer bètadenken betekent dus meer spanning. Bètadenken is een spanningsverschijnsel. Als we erg gestrest zijn, kunnen we niet ophouden met denken en kunnen we moeilijk in slaap komen. Het denken 'beheerst' ons.

---

* Hz is 'hertz', de metingeenheid voor frequentie, met name het aantal cycli per seconde. Op een oscilloscoop zie je golfjes op en neer gaan: één golfje boven de nullijn en één golfje onder de nullijn vormen samen één cyclus. Dat komt overeen met yang (+) en yin (-) in het oosterse model.

Wij (wie is dat?) willen slapen en ons denken komt maar niet tot rust.

We gaan een stapje verder en leggen een nieuwe verbinding (intelligentie is verbanden zien). Onze wil zegt 'slapen' en toch gaat ons denken maar door. Als we echt de 'denker' zouden zijn, zouden we het denken toch kunnen stopzetten en kunnen gaan slapen? Zijn wij echt de denker? Een interessante vraag. Hebben wij gedachten of hebben gedachten ons? Slapen 'doen' we niet, we dienen de slaap toe te laten door los te laten.

Om te kunnen inslapen dienen onze hersengolven in ieder geval in de alfafrequentie te komen, een meer ontspannen bewustzijnsstaat, met een frequentie tussen 8 en 15 Hz*. In de alfastaat denken we nog steeds, maar het is ontspannen denken. Het is niet dwangmatig of gestrest. Het is meer flexibel denken. In de alfafrequentie kun je een inval krijgen. Die bedenk je niet, die krijg je**. Dat heb je ongetwijfeld wel eens meegemaakt: je ligt ontspannen op je bed en plots krijg je een prachtinval. Dan verkeren je hersenen in de alfafrequentie, de ontvangende bewustzijnsstaat. Of je ligt 's avonds ontspannen op de bank (in alfa) en plots weet je weer wat je die dag vergeten bent te doen. Je weet het weer, terwijl je het niet kon onthouden toen je probeerde (stress) het niet te vergeten. Sommige mensen krijgen dat soort invallen ook wanneer ze onder de douche staan of tijdens het autorijden. Hun hersenen verkeren in alfa, ze zijn relaxed en open. Het verschil tussen bèta en alfa is dat de verde-

---

* Sommige bronnen geven enigszins andere cijfers, wel in dezelfde orde van grootte.
** Als je lang genoeg in hoge bèta blijft, krijg je een toeval…

digingsmechanismen in de alfafrequentie kunnen ontspannen, waardoor er zaken vanuit onze hogere intelligentie kunnen worden binnengelaten.

Hoewel in elke bewustzijnsstaat de totale hersenen meedoen, domineert bij de bètagolven toch meer de linkerhersenhelft, en bij de alfa de rechterhersenhelft. Anders gezegd, in de bètafrequentie speelt het mannelijke principe een grotere rol, en in de alfa het vrouwelijke principe. Het mannelijke principe is naar buiten gericht, gefocust en 'projecterend'. Evolutionair gezien verwijst dit principe naar de 'jager' die de prooi in het vizier neemt en erop schiet met pijl en boog of er een speer naar werpt. Het vrouwelijke principe is naar binnen gericht, open en ontvangend. Evolutionair gezien is het de moeder die het nest verzorgt en bewaakt met een 360° visie, dat wil zeggen niet gefocust, maar wel alert, meer waarnemend dan denkend. Bij de bètagolven (het mannelijke) horen de actieve overlevingspatronen (aanvallen, verdedigen) en bij de alfagolven horen de vrouwelijke overlevingspatronen (voeden, verzorgen, terugtrekken). Onder stress vertonen sommige mensen meer aanvalspatronen, andere meer de terugtrekkingspatronen. Allemaal zeer natuurlijke fenomenen.

Bij de bètagolven hoort het analytisch denken, het IQ, bij de alfagolven het systeemdenken en het gevoel, het EQ. Van beide vormen van intelligentie maken we in verschillende situaties gebruik. Wanneer we ze onbewust (volgens een vast patroon) door elkaar halen, ontstaan er problemen. Wanneer we bijvoorbeeld vanuit de bètafrequentie een relatie instappen, benaderen we die relatie als een probleem dat we dienen op te lossen. Bij een relatie kunnen we dus beter onze alfafrequentie inzetten. Heb je daarentegen een dringende taak te volbrengen, dan dien je gefocust te zijn en niet al je tijd te stoppen in contacten met de mensen om je heen. Dan heb je meer aan de bètagolven.

De bewustzijnsstaat die we eigenlijk allemaal graag willen in onszelf en bij anderen, is de thètafrequentie. De thètagolven hebben een frequentieband tussen 4 en 8 Hz. In die staat zijn we zeer ontspannen en toch alert. De beide hersenhelften zijn synergetisch aan het werk, wat er merkwaardig genoeg toe leidt dat het denken als centrale strategie verdwijnt. In deze fase worden we geleid door intuïtie, door de diepere intelligentie in ons. We verkeren in flow. We hebben vrije toegang tot onze verbeelding. Of, beter gezegd, onze verbeelding heeft toegang tot ons. We worden geïnspireerd. We doen zonder doener en we ervaren een soort denken zonder denker. Deze bewustzijnsstaat wordt ook wel SQ of Spirituele Intelligentie genoemd. In flow zijn we creatieve, speelse, levendige mensen. We zijn in contact met onze onschuld, het ongerepte innerlijke kind.

De hersengolven met de laagste frequentie zijn de deltagolven, een bewustzijnsstaat die minder dan 1 procent van de mensen wakend weet te bereiken. De frequentie van deltagolven is 0,5 tot 4 Hz. Deze zwakke hersenactiviteit komt overeen met diepe droomloze slaap. In deze slaap komt iedereen in de deltafrequentie, slechts zeer weinig mensen kunnen bij deze diepe deltagolven ook wakker zijn. Mensen die hiertoe in staat zijn, kunnen dwars door de droomillusie van de geprojecteerde wereld heen kijken.

Omdat de deltastaat zo uitzonderlijk is en omdat we die alleen door de diepste transformatie kunnen bereiken, besteed ik meer aandacht aan de thètastaat, de creatieve band. Ook flow is trouwens nog steeds meer uitzondering dan regel. De meeste mensen maken de thèta-golven alleen maar mee wanneer ze slapen. Deze golven treden namelijk op tijdens de REM-slaap (*Rapid Eye Movement*-slaap), waarin we dromen. We 'weten' dan soms dat we dromen (en soms ook niet) en het onderscheid met de naar buiten geprojecteerde wereld is vaak helemaal verdwenen. We dromen, maar het lijkt even echt als de dagwereld. De thètafrequentie is de creatieve band, slapend of wakker, dromend of in onze verbeelding. Naar deze frequentie leidt de muze de artiest. Ook de sporter bij wie het allemaal vanzelf gaat, verkeert in de thètafrequentie.

Laat ik twee bekende mensen citeren. Leonardo da Vinci zei: 'Als de geest de hand niet leidt is het geen kunst'. Dat is dus flow of thèta. En Johan Cruijff, in een interview met *Het Parool* op 11 januari 1966: 'U wilt het allemaal heel nauwkeurig weten, maar dat vrijlopen van mij, dat kan ik niet echt helemaal duidelijk maken, ook niet voor mezelf. Op het veld gaat het allemaal vanzelf.' Hij is dan duidelijk in flow of thèta. Zijn gevoel over die enorme intelligentie waar hij dan door geleid wordt, beschrijft Cruijff in *De Tijd* van 7 mei 1982: 'Als ik een bal aan de voet heb die ik wil afspelen, dan moet ik rekening houden met mijn bewaker, de wind, het gras, de snelheid waarmee de spelers lopen etc… Wij berekenen de kracht waarmee je moet schoppen en de richting waarin, in een tiende seconde. De computer doet daar twee minuten over.' Dat is SQ. Is dat interessant voor managers? Geef zelf maar het antwoord.

Het is in ieder geval interessant te zien hoeveel intelligenter we worden als we meer innerlijke balans en harmonie kennen, met andere woorden 'wanneer we in het hart zijn', wanneer we in flow zijn. Het hart is 'het mid-

den', de staat van balans tussen mannelijk en vrouwelijk, de balans tussen links en rechts, tussen boven en
onder. Als we in het hart zijn, is er geen conflict tussen
binnenwereld (vrouwelijk) en buitenwereld (mannelijk).
In flow, in het hart, zijn we waar we op dat moment willen zijn. We bieden geen enkele weerstand tegen de buitenwereld. We verkeren in een staat van genade en zijn
dankbaar voor het leven. We willen niets, we verlangen
niets, en daardoor kunnen we met het leven mee 'stro-
men', zonder enige weerstand. Zodra we iets anders willen dan wat is, raken we uit de flow, uit het hart. Dan begint het verzet. Hoe groter het verzet, hoe meer we in
bèta komen, oftewel de staat van schijnbare afscheiding.
In deze staat heersen angst en eenzaamheid en 'vechten'
we om te overleven.

In het onderzoek van Mihaly Csikszentmihalyi* naar
flow blijkt keer op keer dat mensen in de flow-staat zich
een voelen met het geheel, met alles en allen. Verkeren
dezelfde mensen in de bèta bewustzijnsstaat, dan ervaren zij afscheiding en eenzaamheid. Deze ervaring biedt
dus een antwoord op vele spirituele vragen. Elk mens is
in staat de vier bewustzijnsstaten te ervaren, maar de
meerderheid zit het grootste deel van de tijd in bèta, de
staat van 'afscheiding', de staat waarin een schijnbare
'denker' er alleen voorstaat. In die staat zijn we trage

---

* Mihaly Csikszentmihalyi introduceerde de term 'flow'
naar aanleiding van het feit dat vele van zijn respon-
denten in het onderzoek dingen zeiden als: 'Het was
alsof ik zweefde.' 'Het was alsof ik door iets werd
gedragen,' et cetera. Zie *Flow, De psychologie van de
optimale ervaring*, Mihaly Csikszentmihalyi, Boom,
1999.

rupsen. In thèta zijn we vlinders die vrolijk rondfladde-
ren en van het leven genieten als onschuldige kinderen.
Vanuit de diepte van delta kunnen genialiteit en wijsheid ons deel zijn.

Wat doen we eigenlijk de hele tijd in bèta? Waardoor
bleven alle vorige generaties (met uitzondering van enkele individuen) steken in bèta? Waardoor drijven wij
onze medewerkers in de bèta? Hoe komt het dat onze relaties stuklopen op die stugge bèta? Hoe komen we
structureel uit de bèta als modus operandi? Om te beginnen hebben we daarvoor meer EQ nodig, en dus een
stabieler verblijf in de alfafrequentie. Zolang we niet boven ons denken en onze emoties uitstijgen, zitten we
vast in de bèta als hoofdervaring, oftewel in de stimulus-
responsband.

*'Om de harmonie der dingen te kennen dien je boven je
emotionele zelf uit te stijgen.'*
TAOÏSTISCHE WIJSHEID

De soefi zeggen dat emoties het ontwikkelingsniveau
zijn van de plantenwereld. Heel veel onderzoek toont
aan dat planten inderdaad emoties hebben, oftewel een
stimulus-responssysteem, dat ze helpt te overleven. Wij
mensen denken soms dat wij het eindpunt van de evolutie zijn (o arrogantie), en toch blijven wij steken in de
bètagolven. Hoe komt dat? Als we boven de bèta uitstijgen, kunnen we nog oneindig veel potentieel ontwikkelen. Daarvoor is wel een innerlijke evolutie nodig. Want
dat we er nog een derde arm bij krijgen, verwacht toch
niemand. Hoeveel potentieel is er en wat houdt ons in
de bèta?

Potentieel en blokkades

Nu zou je kunnen stoppen met lezen en zelf het antwoord kunnen geven. We verliezen potentieel door 'afscheiding'; we winnen potentieel door verbinding. *Simple, my dear Watson.*

Bèta is de staat van 'actief overleven' en de staat van 'afscheiding'. Het is de staat waarin we alles willen oplossen door te 'denken' en te 'doen'. Het zal duidelijk zijn wat een beperkte vorm van intelligentie het patroonmatig denken is en hoe beperkt ons 'persoonlijke doen' is vergeleken met wat we echt kunnen doen. In flow (thètagolven) daarentegen zijn we in synchronisatie met de diepere intelligentie van het Leven zelf.

Laten we de voorgaande paragraaf nog eens samenvatten. In bèta denken we patroonmatig, we vertonen stimulus-responsreacties. Het denken verschijnt in ons hoofd als een reactie op prikkels: we doen het niet zelf, maar het voelt wel alsof we het zelf doen. De 'denker' is zelf een product van de bètastaat. De 'denker' is een virtuele realiteit, een projectie op het bewustzijnsscherm, niet een substantiële realiteit. De 'denker' is anders gezegd even 'echt' als het maanlicht en als het beeld op je computerscherm. Probeer maar eens je gedachten te stoppen als je onder stress staat. Het denken in de bètastaat is patroonmatig. Patroonmatig verwijst naar *pater*, het Latijnse woord voor 'vader', het mannelijke principe en de linkerhersenhelft.

In de alfafrequentie wordt ons denken vloeibaar en soepel. Het wordt minder patroonmatig, 'vrouwelijker' en ontvangend. In alfa nemen we voor het eerst waar. Zijn we in bèta aan het 'denken' en het 'doen', in alfa gaan we vooral 'waarnemen'. We nemen ook ons eigen denken waar. Alleen in alfa kunnen we echt naar iemand luisteren, omdat we dan ontvangend en ontvankelijk zijn. In bèta zitten we, zoals Stephen Covey dat zo mooi zegt, 'autobiografisch' te luisteren. Dat betekent dat we eigenlijk niet aan het luisteren zijn, we zijn aan het interpreteren, aan het oordelen. We 'kijken' door het filter van ons eigen waardensysteem (een stel patronen). Dat is niet kijken maar kleuren. We noemen dat ook wel 'projectie'. Kijk eens naar de afbeelding. Zie je de driehoek?

Die driehoek is er helemaal niet. Kijk nog eens. Jij projecteert die driehoek. Welke jij? De 'bèta-jij' in de hersenen. Of, anders gezegd, een stimulus-responsmechanisme uit een oud verhaal 'doet' het en de 'denker' (personage in een verhaal) concludeert 'ik zie een driehoek'. Driehoek of lulkoek? Denk weer even aan de blauwe lampen. In bèta zit je in de content, in je projectie en je ziet de blauwe lampen niet, je hebt geen oog voor de context. Je kunt die context ook helemaal niet zien als je in bèta verkeert, want je bent een speler in een verhaal. Je kunt alleen 'zien' door de ogen van het personage in dat verhaal. Zien, ja...

Verkeren we in de alfafrequentie, dan kunnen we voor het eerst naar het verhaal kijken in plaats van er alleen in te zitten. We kunnen waarnemen. Dan kunnen we ook de blauwe lampen zien. Iemand in bèta kan nooit een proactief, bewust antwoord geven. Hij is een Figuur in een verhaal, een 'rol'. Daar kunnen we helemaal gek van worden. En als we er 'gek' van worden, schieten we ook in de bèta. We laten ons dan 'gek maken'. In bèta is er geen flexibiliteit, dus de 'rol' in de ander kan niet met ons meedenken of meebuigen. Hij/zij (het personage) streeft alleen maar zijn/haar doel na (een versie van 'overleven') met als modus operandi: 'Als je niet voor me bent, ben je tegen me.' Iemand in bèta werkt met 'akkoord-of-niet-akkoordsoftware' (of-of). Zo iemand volgt deze gedachtegang: Als je het met me eens bent, heb ik positieve emoties over je. Als je het met me oneens bent, probeer ik je eerst te overtuigen en als dat niet lukt, heb ik negatieve emoties over je.

Kijk eens naar de afbeelding. Is de Figuur 'bol' of 'hol'?

Het is maar net hoe je het bekijkt. De feitelijke waarheid is: ze is hol en bol. Als je echter niet bereid bent naar de andere manier te kijken, zul je vechten voor 'bol'

JAN BOMMEREZ

of vechten voor 'hol'. In bèta zitten we zo vast in cultureel verworven geloofssystemen over wat 'normaal' is, over wat 'goed' is, dat we blind en doof zijn voor een veel groter deel van de realiteit dan het stukje wat we verdedigen. Dat is de wereld van de persoonlijkheid, de wereld van het reactieve personage in het verhaal. Het grotere stuk zien we niet door de bewustzijnsvernauwing van de persoonlijkheid. De meeste mensen komen daardoor nooit uit bij het grote stuk. Ze zitten in het verhaal en 'zijn' een persoonlijkheid. Hun 'doen' is dan beperkt tot hun conditioneringen.

Gurdjieff* wijst erop dat de 'persoonlijkheid' niet enkelvoudig is. Ze bestaat uit vele 'ikken': de boze Jan, de brave Jan, het bange jongetje, de bestraffende ouder, de teruggetrokken Jan, en ga zo maar door. Welk 'ik' (respons) verschijnt, hangt af van de stimulus. Zo leven we wanneer we in bèta zijn, maar dat is geen leven. Af en toe schieten we in flow (thèta) en ervaren we echt geluk of intimiteit of scheppende vreugde of verbondenheid. Maar al snel vervallen we weer in onze persoonlijkheid (bèta) en lijden we onder de herinnering van onze geluksstaat. We worden rusteloos en zoeken het geluk buiten onszelf (want dat is de enige richting in bèta). Maar niets kan ons blijvend geluk geven. Zo'n leven komt dicht bij

---

* George Ivanovitch Gurdjieff (1877–1949), Russisch spiritueel leraar, die lange tijd in Parijs werkte. Zijn oproep was: ontwaak uit je slaap. Hij beschouwde de persoonlijkheid als 'slaapwandelen' en ontwikkelde methodes om boven de persoonlijkheid uit te groeien. Zijn centrale lering was: zelfobservatie tot je het 'ziet'. Je kunt de persoonlijkheid alleen 'doorzien', niet ervan afkomen. Zie ook: http://www.gurdjieff.org.

de definitie van de hel: weten dat er geluk is en 'er niet bij kunnen'. Sta hier maar eens bij stil: als we nooit geluk hadden gekend, zouden we ook nooit ongelukkig zijn. Het goede nieuws is echter dat we wel geluk hebben gekend en dat het nog steeds in ons zit. In bèta kunnen we het echter niet vinden, want dan kijken we in de verkeerde richting. Sterker nog, in bèta kunnen we helemaal niet kijken, we zijn functioneel blind door al onze oordelen.

In alfa zijn we voor het eerst in staat met een beetje afstand naar ons verhaal te kijken. We kunnen ons eigen denken en onze eigen emoties min of meer waarnemen. Onze eerste neiging is dan trouwens om te oordelen, waardoor we weer in bèta terechtkomen, in het verzet. In bèta handelen we reactief. In alfa beginnen we proactief te zijn: er komt meer ruimte tussen stimulus en respons. Als we die ruimte bewust gaan ontwikkelen, gaat de deur naar ons ware zelf open.

Een van mijn inspiratiebronnen, Jerry Stocking*, schrijft: 'Het is in de ruimte tussen stimulus en respons dat de enige kans bestaat om echt mens te worden'. Beter kan ik het niet zeggen. In die ruimte kunnen we alleen komen door te leren ons instantoordeel (een 'respons' op een stimulus) uit te stellen of tijdelijk op te heffen en te leren echt te kijken en te luisteren. 'Oordeel niet,' zei Jezus. Hij heeft het dan niet over de vraag waarom dat niet goed is voor de ander, maar waarom dat niet goed is voor ons. Door te oordelen blijven wij gevangen in het geconditioneerde verhaal. We dienen naar alfa te

---

* Jerry Stocking wordt wel eens een moderne Thoreau genoemd. Zie http://www.achoiceexperience.org.

** www.kashmiryoga.nl/jeanklein.isp

gaan, we dienen ons te ontspannen. Laat het eerste verzet varen.

De eerste levende, ontwaakte leraar die ik ontmoette, zowat dertig jaar geleden in Parijs, was Jean Klein**. Hij stelde: 'Je kunt alleen de waarheid vinden door te ontspannen'. Dat betekent dat we dus beter kunnen ophouden zo hard te zoeken. Destijds was ik nog niet in staat dat advies te horen. Nu wel. Nu weet ik dat je van zoeken erg ongelukkig kunt worden, want het zoeken zelf zorgt ervoor dat je niet kunt vinden. Wie zoekt namelijk? De rusteloze persoonlijkheid uit de bèta die zich een tijd van echt geluk herinnert (want de persoonlijkheid leeft in het verleden) en die dat geluk weer wil vinden (projectie op de toekomst). We vinden het geluk echter niet door rusteloos te zoeken. Het geluk is altijd aanwezig en door te zoeken raken we er alleen maar van verwijderd. Zoiets is niet te snappen als we ons nog identificeren met het functioneel blinde en dove personage in onze projectie, ons verhaal. Dus dienen we ons eerst te ontspannen. In ontspannen toestand kunnen we in alfa komen en dat is al heel wat*. Dan zijn we ontvangend, verwelkomend, en bovenal waarnemend in plaats van oordelend. In alfa leren we te houden van 'wat is', leren we accepteren.

De ontspanning in thèta is van een andere aard. In die

---

* Misschien heb je gehoord over alfatraining, de methode van dr. José Silva. Dat is een van de mogelijke dingen die je kunt overwegen als een 'stap'. Het enige wat je uiteindelijk zal redden is zelfkennis. En dat ligt voorbij elk verhaal. Daarom is de methode van Byron Katie, *The Work*, misschien wel de snelste weg naar zelfkennis. Ze prikt liefdevol door elk verhaal heen.

ontspanning komen mannelijk en vrouwelijk samen, het is een staat van ontspannen concentratie. (Dat lijkt een paradox voor mensen die concentratie alleen kennen op bètaniveau.) Flow of thèta is een bewustzijnsstaat zonder verzet en zonder innerlijk conflict. Tussen binnenwereld en buitenwereld bestaat geen frictie, ze vormen een naadloos geheel. We voelen ons heel. We zijn gelukkig, van blij tot extatisch.

Iedereen heeft wel eens een flow-staat meegemaakt, meestal per toeval. Je 'viel' erin, zoals bij *falling in love*. Wanneer je er per toeval invalt, is het nadeel dat je er ook weer uitvalt, wat heel pijnlijk kan zijn. Denk aan *falling out of love*. Zo'n flow- of thèta-ervaring ken je misschien van een betoverende zonsondergang, van je kind dat voor het eerst mama tegen je zegt, van verliefd zijn, van passievolle momenten, van het opgaan in een spannend boek, van een ontspannen avond met vrienden waar je geen rol hoeft te spelen, et cetera. Maar hoe komen we in flow als modus operandi? Flow is namelijk veel leuker dan leven in bèta (*survival*). Het antwoord zal te simpel lijken: door ons hart meer en meer te openen. Door meer en meer ons hart te volgen, ook bij beroepskeuzes en dat soort zaken. Het hart kiest niet, het hart weet. Openen van ons hart begint, geloof het of niet, met zelfliefde en dat is iets heel anders dan egoïsme. Egoïsme is projectie, is bèta. Zelfliefde begint met zelfacceptatie en dat is alfa. Een stap verder is thèta, flow. In flow volgen we meer en meer ons hart in alles wat we doen. Het leven valt dan meer en meer gewoon op zijn plaats. Het lijkt zo simpel en het is ook simpel. Maar in bèta (vanuit de persoonlijkheid) is het niet te snappen.

Wanneer we nog dieper kunnen gaan, bereiken we delta. Dan kunnen we momenten ervaren van genialiteit en verbluffende wijsheid die door ons heen komt. Dat zie je soms gebeuren bij gelouterde mensen. En uiteraard zie je het bij 'wijzen'. In delta is er geen spoor meer van de persoonlijkheid (net zoals in de diepe droomloze slaap). Dat verklaart waarom de 'denker' (de persoonlijkheid) in bèta daar geen trek in heeft. De denker, het ego, weet instinctief dat hij (zij) zal verdwijnen in delta. Aangezien het ego zelf een overlevingsmechanisme is, zal het zich daar instinctief tegen verzetten. We verdedigen dan ons 'verhaal' en gebruiken het als een bescherming tegen de Waarheid van ons diepere wezen waarin we (als personage) dreigen op te lossen. We zijn bang dat we zonder ons 'verhaal' onze identiteit verliezen.

Om terug te komen op de vraag van deze paragraaf: wat is het potentieel en wat zijn de barrières? Het potentieel is letterlijk oneindig. De barrières komen uiteindelijk neer op één factor: angst. Angst leidt tot contractie en dus bèta; liefde leidt tot expansie en dus thèta (en soms delta). In contractie kennen we onszelf als persoon, dat wil zeggen als object en dus als reactief. In alfa beginnen we die persoon waar te nemen. In thèta transcenderen we de persoon. (We zijn tijdelijk niet geïdentificeerd, zoals in flow en ook tijdens meditatie kan gebeuren.) In delta verdwijnt de persoon (identificatie met een verhaal) helemaal.

Om deze dynamiek te kunnen begrijpen is het nodig dat we hem eerst in onszelf waarnemen en doorwerken. Wij zeggen vaak tegen onze klanten: geen organisatietransformatie zonder persoonlijke transformatie en dat begint natuurlijk bij de leiding. Laten we dus nog maar een rondje doen.

Het grote misverstand

Wat wij bewustzijn noemen, is eigenlijk niet bewustzijn maar dagbewustzijn, een zeer beperkte vorm van bewustzijn. Het is wat we bedoelen met 'hij is bij bewustzijn' in tegenstelling tot 'bewusteloos'. Het is datgene wat 's ochtends wakker wordt en zich meteen identificeert met de wereld van de vormen. De 'denker' denkt dan: Ik heb goed geslapen, ik heb slecht geslapen. De waarheid is echter dat 'jij' niet hebt geslapen. Het slapen werd niet door iemand 'gedaan'. Het was er. Het is deel van een groter systeem, niet iets wat afhangt van onze persoonlijke wil. Probeer maar eens harder te slapen (met meer 'wilskracht') wanneer je niet in slaap kunt komen.

Wat wij ons 'bewustzijn' noemen, kan volgens onderzoek hoogstens zeven dingen tegelijk bevatten. Zodra er te veel input op ons afkomt, wordt ons 'bewuste brein' overweldigd. Ons zogenaamde bewuste brein (ons dagbewustzijn, bèta) is in feite een zeer beperkt fenomeen. Het moet gewoon het grootste deel van de realiteit uitsluiten om niet oververhit te raken.

Wij denken dat ons bewuste brein dient om te denken: fout. Als je maar zeven dingen tegelijk aankunt, is er om te beginnen al niet zoveel denkvermogen om mee te werken. We overschatten op dramatische wijze wat het denkende brein kan. De bètastaat heeft zijn functie, maar hij is zeer beperkt in vergelijking met thèta en delta. En dat noemen wij een 'bewust' brein. Het betekent – nogmaals – hoogstens 'niet bewusteloos'. Maar of we echt bewust zijn?

Wat we 'onbewust' noemen, het deel van onszelf dat we ontkennen of niet kennen, daar zit het echte 'bewustzijn', de ware zelfkennis te wachten tot we het toelaten. Dit kan nogal cryptisch klinken. Laten we er daarom wat langer stil bij staan. In ons dagbewustzijn, ons denken in samenwerking met ons geheugen, zit alleen wat we over onszelf en de wereld kennen. Dat is de 'content'. We noemen dat 'bewust'. In het deel dat we (nog) niet kennen en wat we 'onbewust' noemen, zit behalve wat we over onszelf ontkennen (onderbewust), ook alles wat we over onszelf niet kennen (bovenbewust): ons hele potentieel, alles wat we kunnen zijn. Dat is de context. Daar zit wat we in de bètastaat niet over onszelf kunnen kennen en wat wij (niet de echte 'we' maar het personage in het verhaal) op arrogante wijze 'onbewust' noemen. Van inversie gesproken. Het beperkte personage in ons verhaal verklaart de nog niet ontgonnen alfa, thèta en delta bewustzijnsstaten tot 'onbewust.' We hebben het dan wel over 99,9999999999 procent van je wezen. Laten we onze waaktoestand daarom alsjeblieft niet langer bewustzijn noemen. Hoogstens kunnen we het 'dagbewustzijn' noemen, niet meer dan een waakvlammetje.

In onze organisaties zijn trouwens ook vaak niet meer dan een stel waakvlammetjes aan het werk. Maar ze maken wel omzet en winst. Zouden ze echter geen zogenaamd 'onbewuste kant' hebben, dan zaten we dik in de problemen. Laten we eens een copernicaanse ommekeer maken. Klaar voor een beetje revolutie?

Onbewust is onbegrensd

Ik heb deze vraag al eerder gesteld en ik kom er nog even op terug: Hoeveel processen spelen zich – onbewust – tegelijk af in ons lichaam? Miljoenen. Dat is wel wat anders dan zeven. En die miljoenen processen zijn nog maar een begin: we hebben ook nog een totaal onbeperkte dimensie waar we in ons dagbewustzijn niet bewust van kunnen zijn. In wat we in onze onwetendheid 'onbewust' noemen, zit het geheim van onze ongebruikte capaciteit, onze andere 99,9999999999 procent. Wij zien 'bewust', in onze collectief verkeerde definitie, als 'goed' en we zien 'onbewust' als de bron van gevaarlijke instincten en nare dromen, en dus niet iets waar je op kunt steunen als 'rationele mens'. Omdat ons beperkte dagbewustzijn niet met dat onbeperkte onbewuste kan omgaan, houdt het dat onbewuste per definitie ook buiten ons gezichtsveld. Dit beperkte dagbewustzijn kan namelijk niet omgaan met (1) de gigantische hoeveelheid factoren waaruit de geschapen realiteit bestaat, zowel zichtbaar als onzichtbaar en (2) nog veel minder met iets oneindigs wat niet in woorden en begrippen is te vatten. Onze onbewuste kant kan dat allemaal wel. Onze onbewuste kant zouden we nog kunnen opdelen in onderbewustzijn en bovenbewustzijn. In de eerste categorie vinden we bijvoorbeeld instincten en het beheer van al onze levensprocessen, in de tweede categorie vinden we intuïtie en de wereld van de ongemanifesteerde mogelijkheden. De arrogante 'denker' in bèta ziet bijvoorbeeld de instincten als lage vormen van intelligentie, wat niet erg intelligent is. Instincten zijn 'de intelligentie van de soort', waarmee we in een fractie van een seconde kunnen berekenen wat uren of dagen zou vergen in ons denkende dagbewustzijn. Alleen onze 'onbewuste kant' (onder- en bovenbewustzijn) kan omgaan met miljoenen en miljoenen factoren, met onbegrensde creativiteit en met de wereld van de onbeperkte mogelijkheden. Het is niet voor niets dat we iemand wel eens adviseren ergens eens over te slapen. In zijn slaap raadpleegt hij die 99,9999999999 procent, die onbewuste kant.

Ons onderbewustzijn heeft tot taak de bestaande realiteit, dus de oude werkelijkheid, in stand te houden; ons bovenbewustzijn (dat ons kan bereiken als wij in thèta zijn) bevat de nieuwe mogelijkheden.

Wij mensen zijn meerzijdige wezens. We zitten in onze bètastaat en alfastaat in het dialectische spanningsveld van die twee voor ons dagbewustzijn 'onbewuste' krachtvelden. Alleen wanneer we inzicht krijgen in de dynamiek van beide krachtvelden die ons dagbewustzijn kunnen beïnvloeden (het onderbewuste dat het bestaande beschermt en het bovenbewuste dat de nieuwe mogelijkheden bevat), kunnen we voor het eerst in ons leven echt bewust scheppen. Pas dan kunnen we bewust leiding geven aan creatieve processen met mensen.

Onze medewerkers hebben net als wijzelf zowel een bovenbewuste dimensie vol mogelijkheden, een dagbewustzijn dat 'denkt' en een onderbewuste kant die het bestaande verdedigt. Willen we leiding kunnen geven aan vernieuwing, dan dienen we dat hele systeem te snappen. Wanneer wij als leider niet weten wat we doen, wanneer we dat systeem niet begrijpen, dringen we onze mensen in de verdediging en steken de verdedigingsmechanismen de kop op. Hoe meer weerstand we bieden tegen hun weerstand, hoe meer onze medewerkers in de bètastaat komen te zitten en hoe patroonmatiger ze zullen handelen. Ze gedragen zich als een stelletje waakvlammetjes terwijl ze ook bosbranden zouden kunnen zijn. De interessante vraag voor het leiderschap is: Hoe komt het dat mensen vanuit angst reageren? Hoe zit het echt met onze cultuur? Hoeveel respect is er echt, in hun perceptie? Wat doen wij leiders om angst weg te nemen? We kunnen mensen niet veranderen, maar als we van anderen niet de juiste respons krijgen, kunnen we wel ons eigen gedrag veranderen! Reageren mensen angstig, dan doen wij iets wat die angst oproept of doen we iets niet waardoor zij angstig worden. Wat is het en hoe kunnen we dat anders doen?

De allereerste stelregel van de filosofie van Edwards W. Deming, grootvader van alle kwaliteitsmanagement en pionier van het systeemdenken, was: *'Drive out all fear.'* Hij was een wijs man, een uitzonderlijk leider. Hij is een voorbeeld van een spirituele leider aan wie wij iets hebben. Wat kunnen we doen om mensen te helpen boven hun angst uit te groeien? Wat kunnen we ophouden te doen? Waar geven we te weinig vertrouwen? Wat is principieel leiderschap*? Begrijpen we echt wat angst is? En hoe het onderbewustzijn werkt?

Het onderbewuste beter begrepen

Het onderbewuste werkt als de *cache* van een computer. Als we op internet surfen en we gebruiken daarbij een zoekmachine, krijgen we meestal niet de website te zien zoals die nu is, maar een kopie van die site die de zoekmachine eerder heeft gemaakt. Die kopie noemen we een 'cache'. Een zoekmachine krijgt miljoenen aanvragen per minuut en kan onmogelijk in *real time* alle recente informatie verzamelen voor alle aanvragen. Daarom slaan zoekmachines een versie van een webpagina op voor snelle referentie. Door die werkwijze gaat alles

---

* Ook bekend als dienend leiderschap. Ook *De zeven Eigenschappen van effectief leiderschap*, de bestseller van Stephen Covey, gaat over principieel leiderschap.

veel sneller, maar er kleeft wel een groot nadeel aan: we krijgen niet per definitie de meest recente, up-to-date informatie. Als er sinds het opslaan van een webpagina een verandering is aangebracht, zullen we die wijziging missen. Zoekmachines vernieuwen regelmatig hun cache, maar ze zijn nooit up-to-date.

Net als zoekmachines wordt ons brein met miljoenen aanvragen bekogeld. Omdat we niet alles analytisch kunnen beredeneren, gebruikt ons systeem een soort cache voor snelle verwerking. Ons onderbewustzijn slaat miljoenen stukjes informatie op voor snelle referentie, waardoor we snel kunnen 'reageren' (we zijn dan 'reactief' en in bèta). Veel van die snelle reacties zijn heel handig, denk aan het gebruik van opgeslagen informatie om routinehandelingen uit te voeren. Stel je eens voor dat je over alles zou moeten nadenken! We hebben dus een automatische piloot en die komt vaak erg goed van pas. Denk aan de manier waarop je soms van huis naar je werk rijdt, soms is het laatste dat je weet dat je je huis verliet en toch ben je nu op je werk. Dankzij die automatische piloot rijden we zonder ongelukken door het verkeer.

Onze automatische piloot bestaat uit behoorlijk complexe software en het onderbewuste is dus beslist geen lage vorm van intelligentie. Ons onderbewustzijn neemt per dag tienduizenden snelle beslissingen voor ons. Knappe machine. Ons onderbewustzijn zorgt ook voor continuïteit in ons leven, het vertelt 'ons verhaal'. Stel je eens voor dat we elke dag opnieuw zouden moeten uitvinden hoe we heten, waar we wonen, wie onze ouders zijn, wie onze werkgever is. Dankzij dit systeem met stabiliserende feedback, ons onderbewuste, hoeven we dat niet te doen. Dit systeem geeft ons een gevoel van continuïteit. Uit de som van onze opgeslagen informatie distilleren wij een identiteit (dat is dus een 'virtual reality'). En aan die 'identiteit', aan dat verhaal, ontlenen we onze continuïteit, en denken we te weten wie we zijn.

Het systeem biedt ons mentale stabiliteit, maar daar betalen we wel een prijs voor. Ons 'verhaal' bestaat namelijk net als de 'cache' van onze computer volledig uit informatie uit het verleden. Meestal komen we dan ook vast te zitten in ons verhaal, omdat er iets in ontbreekt. Wat ontbreekt in ons courante verhaal is wie we kúnnen zijn: onze bovenbewuste kant, het nog niet geschreven verhaal. Dat ongeschreven verhaal bevat veel meer potentieel dan zelfs ons onderbewuste kan bevatten. Ons onderbewuste bevat miljoenen en miljoenen stukjes informatie, ons bovenbewuste is letterlijk oneindig. Het bevat alle mogelijke toekomsten. De uitdaging is die mogelijkheden naar de wereld van de feiten te brengen zonder het hele systeem te destabiliseren.

Ik kom weer terug bij de titel van mijn bijdrage: het heden managen vanuit de toekomst. Dat betekent bewust een visie realiseren. Dat is onmogelijk zonder helder bewustzijn van de manier waarop we holistisch als mensen in elkaar steken. En dan heb ik het dus niet over de minder dan 1 procent die we denken te zijn, maar over het gehele systeem. Als we niet bij onszelf zien hoe dat zit, en als we dat niet snappen bij onszelf, kunnen we geen leiding geven aan anderen om hun potentieel te ontwikkelen. Zonder goed begrip van de complexe dynamiek tussen bovenbewustzijn (oneindig potentieel), dagbewustzijn (contact met de feiten en evaluatie van de feiten en mogelijkheden) en onderbewustzijn (miljoenen stukjes informatie over het verleden, individueel en collectief) loopt ons verhaal vast, worden we doodmoe en soms erg verward. Dit soort vitale informatie leren we niet op school en de meesten van ons heeft het heel veel pijn en ellende gekost om dit niet te kunnen zien. Iedereen weet toch dat? Ja, ja...

Waarom veranderen zo moeilijk is

Ons onderbewustzijn genereert dus een cache* over wie wij 'zijn': een synthetisch beeld gebaseerd op individuele en collectieve ervaringen, opgeslagen in informatievelden. Die cache levert een grote bijdrage aan onze psychische stabiliteit: we hoeven niet elke dag weer uit te vinden wie we zijn, hoe we heten, waar we wonen, welk voedsel we lusten, met wie we getrouwd zijn, et cetera. Ons onderbewustzijn is dus niet een slangenput vol irrationele driften, integendeel, het is een nuttig systeem, vol intelligentie. Dat wij er soms toch last mee krijgen, komt doordat we er geen bewuste relatie mee aangaan**.

Onze opgeslagen informatie is de 'lens' waardoor wij continuïteit scheppen in ons dagbewustzijn. Omdat we (zolang we de 'persoon' zijn, het personage in het ver-

---

* Het is interessant te beseffen dat het Franse woord 'cacher' *verbergen* betekent. Onze 'cache' (zelfbeeld) verbergt wie wij echt zijn.

** Dat was de grote innovatie in therapie van de geniale hypnotherapeut Milton Erikson, een van de drie rolmodellen waar NLP op werd gebouwd. Hij hielp mensen aan een andere relatie met hun onderbewuste en allerlei problemen en verslavingen vielen gewoon weg! Het sleutelwoord is weer relatie: intelligentie, verbinding, bewustzijn.

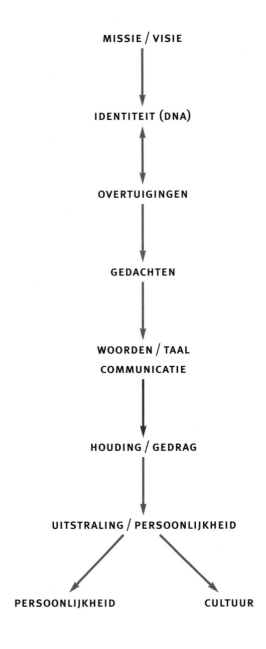

De logische niveaus (naar Gregory Bateson)

haal) uit die cache ook ons gevoel van identiteit en ons gevoel van mentale stabiliteit halen, zullen we de informatie niet zomaar om de haverklap willen veranderen. Daarom is er vaak letterlijk een identiteitscrisis nodig om een nieuw beeld van onszelf te scheppen, dat we trouwens vervolgens weer stabiel zullen proberen te houden door een nieuw verhaal te 'schrijven'. We worden vaak letterlijk door elkaar geschud, omdat we anders doodgewoon niet veranderen en dus niet groeien. Chaos breekt de oude structuren af, zodat er plaats is voor de nieuwe. Het is dus onmogelijk een grote verandering door te maken zonder enige mate van chaos.

Een duurzame verandering kan alleen plaatsvinden als we erin slagen een verandering aan te brengen op identiteitsniveau. Om dat uit te leggen gebruiken we bij Nieuwe Dimensies in seminars het model van de logische niveaus van Gregory Bateson.

Bereiken we bij een organisatieverandering niet het niveau van het individuele of het organisatie DNA, dan zal het 'erfelijke materiaal' van vroeger zich blijven herhalen in de oude vormen en zal alle verandering oppervlakkig en tijdelijk zijn. Zelfs voor een kleine verandering is er ontzettend veel energie nodig, en dan nog vervallen mensen weer in oude patronen. Dat ligt echter niet aan hen, als dat gebeurt, weten de leiders niet hoe ze een verandering dienen aan te pakken.

Een fundamentele of duurzame verandering kunnen we slechts op twee manieren bereiken:

1 door een enorme crisis die oude structuren tegen wil en dank afbreekt;

2 door uitzonderlijk leiderschap dat erin slaagt veranderingen uit te lokken op identiteitsniveau bij de organisatie en haar leden.

Ik gebruik expres het woord 'uitlokken' omdat we anderen niet kunnen veranderen, zij dienen het zelf te doen. We kunnen hen alleen verleiden het avontuur aan te gaan van een nog onbekende dimensie ondanks hun verlangen naar zekerheid en stabiliteit. En soms dienen we oude zekerheden een zetje te geven. Zie je waar leiderschap echt om gaat en dat ze niet kan zonder een hoge graad van Emotionele Intelligentie?

Terug naar de vraag waarom veranderen zo moeilijk is. Dat heeft te maken met ons onderbewustzijn dat stabiliteit en continuïteit wil. Daarnaast bevat ons onderbewustzijn het beeld van wie wij denken te zijn en hoe de wereld er volgens ons onderbewustzijn dient uit te zien om veilig te zijn. Stel even dat ons dagbewustzijn, geïnspireerd door ons potentieel (ons bovenbewustzijn), een nieuwe werkelijkheid wil scheppen en dus ook een nieuwe identiteit, oftewel een nieuwe relatie tot de werkelijkheid. Dat nieuwe beeld is echter niet consistent met de cache en daarom begint het onderbewustzijn op grote schaal stabiliserende feedback uit te sturen. Het dagbewustzijn krabbelt dan vaak terug, vooral wanneer wij niet snappen wat er aan de hand is. Het onderbewustzijn wint het gevecht. Daarom kost het mensen zoveel moeite nieuwe gewoontes aan te leren, daarom hebben goede voornemens rond nieuwjaar zelden effect. Daarom houden mensen een dieet niet vol. Daarom blijven we in een destructieve relatie zitten, et cetera.

Zolang we niet in staat zijn proactief (bewust, voorbij

de stimulusrespons) te kiezen, woedt er bij veranderingen een kosmisch gevecht tussen reactiviteit (onderbewustzijn) en creativiteit (bovenbewustzijn) waarbij veel nodeloze pijn ontstaat. Zolang we nog geen bewuste scheppers zijn, kunnen we jammer genoeg alleen evolueren onder de druk van pijn. Dat is voorlopig ons lot. Dat is gewoon hoe het (voorlopig) is. Kijk maar naar je eigen leven, kijk maar naar de wereld. Tom Peters schreef: 'De meeste organisaties komen slechts tot diepgaande verandering onder de bedreiging van een bijna-dood-ervaring.' Is het echt ons lot of kan het ook anders?

De scheppingsdynamiek

Laten we het voorbeeld nemen van iemand die wil lijnen. Het onderbewuste van die persoon heeft een stabiliserend beeld van een persoon met overgewicht. Dat is een identiteit met continuïteit. De cache zal acties inspireren die dat beeld handhaven, zoals watertanden als hij chocolade ziet, zoals hunkeren naar zoet. Aan de andere kant heeft de persoon de bewuste intentie af te vallen. Als hij dan acties onderneemt die niet stroken met de cache, komt er een punt waarop het verdedigingssysteem van zijn oude zelfbeeld in werking treedt. We kunnen dat verklaren aan de hand van simpele systeemleer: het systeem corrigeert de 'afwijking' (lijnen) met stabiliserende feedback. Klaar. De cache verdedigt het oude beeld met hand en tand. De persoon houdt zijn dieet en zijn oefenprogramma een tijdje vol en dan begint hij te verslappen. Het nieuwe beeld (nog maar net ontstaan) wordt niet gerealiseerd en het oude beeld uit de cache wint. Hoe komt dat? Blinde wilskracht zal het nooit winnen van eeuwenoude overlevingspatronen. Vergeet niet dat het voor het onderbewustzijn echt een kwestie is van leven en dood (blinde overlevingspatronen). Zijn heilige taak is het beeld in stand te houden van wie wij zijn, faalt het daarin, dan is er een breuk in de continuïteit, wat voor het onbewuste gelijk staat aan 'dood'. Daarom scherpt het de oude gewoontes nog eens aan, en voor we het weten, negeren we het dieet en gaan we vaker eens niet naar de fitnesszaal. Het onderbewuste kan zich weer ontspannen: alles onder controle.

Hoe kunnen we dit mechanisme omzeilen? Dat kan alleen als we doorhebben hoe het werkt. Het onderbewustzijn vergelijkt een oud beeld met de nieuwe informatie en luidt de alarmklok. De kunst is daarom de cache een nieuw beeld te verkopen dat in lijn is met de nieuwe informatie. Onze redding is dat het onderbewustzijn het verschil niet kent tussen verbeelding en beelden van de externe realiteit. Door in onze verbeelding een nieuw beeld te voeden kunnen wij onze cache verleiden tot een nieuw referentiepunt, waarna het dat nieuwe beeld met hand en tand zal verdedigen. Dat bedoel ik met 'het heden managen vanuit de toekomst': we dienen het beeld van de gewenste uitkomst te blijven voeden tot het meer kracht heeft dan het oude beeld in de cache. Daarom dienen leiders steeds opnieuw hetzelfde te herhalen, daarom dienen ze een veilige omgeving te scheppen waarin het nieuwe kan evolueren, waarin fouten en mislukkingen niet tot straf leiden. Daarom zullen we het altijd afleggen tegen de onzichtbare structuur in de cache wanneer we geen structuur maken die het nieuwe ondersteunt. Structuur bepaalt gedrag, laten we dat niet vergeten.

Voor leiderschap bij vernieuwing betekent dit dat we het nieuwe beeld (de visie) niet één keer dienen te vertellen met een multimediapresentatie in een chic hotel, maar dat we dat beeld constant dienen te blijven voeden, en vooral dat we naar dat beeld dienen te leven. Het betekent ook dat er voldoende structuren dienen te zijn die de verandering kanaliseren, anders zullen de oude mentale structuren het winnen.

De interne structuur regelt de externe stabiliteit

Wat hierna volgt wordt door zo weinig mensen begrepen dat het bedrijfsleven er jaarlijks tot miljarden euro's door verliest. Let dus goed op. Begrijp je de formule die volgt wel, dan heb je de sleutel tot een gegarandeerde doorbraak in handen.

Onze overtuigingen veroorzaken onze emoties.

Onze emoties bepalen de soort gedachten die we hebben.

Onze gedachten bepalen hoe we onze omstandigheden scheppen.

Begrijp dus buitengewoon goed wat je overtuigingen zijn, want zij liggen aan de basis van al de rest.

Wat zijn eigenlijk overtuigingen? Een eerste definitie is deze: een overtuiging is iets wat we voor waar houden. Het is een aanname. Het is onze versie van de waarheid en dus de basis van onze stabiliteit over een onderwerp. We zullen hem – vooral in gebieden die onze identiteit raken – dan ook niet zomaar opgeven, anders komt onze hele stabiliteit in gevaar. Overtuigingen zijn deel van onze cache.

De tweede definitie, die ons helpt het onderwerp nog

beter begrijpen, is: een overtuiging is een premisse, waar we al of niet ondersteunende informatie voor hebben en die ons toestaat onze toekomst te voorspellen en te bouwen. Met andere woorden, overtuigingen zijn de bouwstenen van onze context. Zolang die bouwstenen verborgen liggen in onze cache, handelen we vanuit een verborgen besturingsprogramma. Dan kan het gebeuren dat ons dagbewustzijn 'linksaf' zegt, en het verborgen besturingsprogramma 'rechtsaf' en dan slaan we rechtsaf. Vervolgens vragen we ons af waarom we dat toch doen. Zien we zoiets gebeuren bij medewerkers, dan gaan we aan onszelf twijfelen of we worden boos op hen. Dat heeft allemaal weinig zin zolang we niet snappen wat er echt aan de hand is.

De wereld waarin we leven is hoofdzakelijk reactief, vol 'personen' en gedomineerd door een reactieve cache. Is dat eigenlijk wel te veranderen? Ja, transformationele leiders kunnen dat, leiders die het 'werk' in hun eigen innerlijke wereld hebben gedaan. We hebben er leiders voor nodig die ontdaan zijn van alle slachtofferschap. Ook vereist het dat we onze medewerkers bevrijden van slachtofferschap. Dat betekent dat we niet langer onze resultaten aan iets of iemand anders kunnen wijten. Dat betekent dat we proactief dienen te zijn, dat we een proactieve cultuur dienen te scheppen zodat we met de systemische, creatieve laag kunnen omgaan zonder constant onderuit te worden gehaald door de reactieve cache.

Ik herhaal de formule nog eens, omdat hij zo belangrijk is. Je hoeft het er niet mee eens te zijn, maar dat is op eigen risico. Het is alsof je het oneens bent met de wet van de zwaartekracht.

Onze overtuigingen veroorzaken onze emoties.

Onze emoties bepalen de soort gedachten dat we hebben.

Onze gedachten bepalen hoe we onze omstandigheden scheppen.

Tot besluit. Wanneer we een bewuste schepper willen worden, kunnen we niet anders dan onze overtuigingen onderzoeken. Dat zijn de 'zaden' die bepalen welke 'planten' er zullen groeien. Hoe weten we dat we echt geloven in onze cache? Kijk naar de 'planten' in de tuin van je leven. Relatieproblemen? Problematische overtuigingen over relaties in de cache. Geldproblemen? Problematische overtuigingen over geld in de cache. Gezondheidsproblemen? Problematische overtuigingen over gezondheid en lichaam in de cache. En ga zo maar door. Het drama van dit hele verhaal is dat we de meeste overtuigingen niet zelf in onze cache hebben aangebracht. Daarom snappen we niet wat ons overkomt en hoe wij dat 'gewild' kunnen hebben. We hebben het ook niet echt gewild, maar we hebben op een of andere manier wel dat soort 'zaad' meegekregen: door onze cultuur, onze opvoeding, door literatuur en media, door een emotioneel geladen ervaring. Onze onbewuste overtuigingen zijn juist onbewust omdat we ze niet bewust hebben gekozen. Het zijn opvattingen die we zo vaak gehoord en gelezen hebben dat we maar aannemen dat ze zo zijn. Het zijn aannames die tot ons komen vanuit een autoriteit (bijvoorbeeld 'de meerderheid' in een organisatie, of de zin 'iedereen weet toch dat...') en die je niet meer ter discussie stelt.

Zo komen we op de derde definitie van een overtuiging. Overtuigingen zijn aannames die je niet langer ter discussie stelt. Deze definitie wijst meteen ook op de oplossing: onderzoek moedig je aannames. Het voert binnen dit kader te ver om alle methodes te bespreken waarmee we kunnen uitvinden wat de meest beperkende overtuigingen zijn in onze 'cache'* en hoe we ze bewust kunnen overstijgen. Er zijn er echter vele.

Is het onderzoeken naar je aannames iets wat je doet als je niets anders meer te doen hebt? Of is het een prioriteit? Is het luxe voor spirituele zoekers? Of bittere noodzaak? Als je dit hoofdstuk hebt begrepen, weet je het antwoord.

* Zie onder meer *Wil je gelijk of geluk?* van Mandy Evans, uitgegeven bij Nieuwe Dimensies Uitgeverij en natuurlijk ook *The Work* van Byron Katie, misschien wel de verbluffendste coachmethode die nu beschikbaar is. Voor meer informatie, neem contact op met Nieuwe Dimensies (info@nieuwedimensies.nl).

Het toepassen van transformatieprincipes

Wanneer we echt een leider willen zijn, dienen we eerst te begrijpen wie we zelf echt zijn. Twee millennia geleden zei Jezus: 'Als je weet wie je bent, kun je worden zoals ik.' Weten wie wij zijn is echter vermoedelijk wel het laatste wat wij weten en waar we aan denken. We leven in een cultuur die zeer met zichzelf is ingenomen en we zijn ons ook maar zeer beperkt van onszelf bewust. Noch in ons persoonlijk leven, noch in de organisaties waar wij werken, zijn er veel gewoontes of structuren die tot zelfreflectie aanzetten. We nemen weinig of geen tijd eens even bij onszelf stil te staan en naar binnen te kijken. In de huidige *ratrace* heerst er evenmin een traditie om naar binnen te gaan en onszelf vragen te stellen. Onze focus is naar buiten gericht, op gebeurtenissen en problemen in de (buiten)wereld. Daarin verliezen we ons geheel, terwijl alles wat wij kunnen winnen gebaseerd is op zelfkennis.

Vele oosterse tradities stimuleren wel om naar binnen te gaan, inspireren tot vragen als:

– Wie is het die hier nu acteert?
– Wie is het die iets wil?
– Wie is het die dat denkt?
– Wie ben ik?

Dit soort vragen brengt ons direct naar de diepste en meest spirituele laag van *self-awareness*. Het is een gewaarzijn dat we een dieper zelf hebben, een realiteit die wezenlijker is dan het persoonlijke en de egopatronen, dan onze dagelijkse acties en gedachten. Wanneer we naar dat diepere zelf gaan, zijn we in staat uit benauwende patronen te ontsnappen die ons niet vervullen. Patronen die worden versterkt door al die ego's om ons heen die ons vertellen wat echt belangrijk is. Door zelfbevraging of (zelf)coaching kunnen we tot zelfverwezenlijking en vrijheid komen, kunnen we bekrachtigen wie wij echt zijn en kunnen we acteren vanuit onze ware inspiratie. Wanneer we ons laten leiden door ons innerlijke kompas zijn we vele malen effectiever dan wanneer we ons laten leiden door de ratio van het ego.

Daniel Coleman, de goeroe van emotionele intelligentie, stelt dat self-awareness de sleutel is tot emotionele intelligentie.

> '*Als je niet weet wat of hoe jij je voelt, dan zullen emoties de controle over jou hebben en over je reacties. Als je niet in staat bent je ware gevoelens waar te nemen, ben je overgeleverd aan de emoties en de emotionele staat waar je in verkeert.*' *Anders gezegd, waar we ons bewust van zijn, daar hebben we controle over. Waar we ons niet bewust zijn, dat heeft controle over ons.*

Daarom is het van belang onze diepste drijfveren, waarden en levensdoelen te kennen want zij zijn de sleutel tot onze spirituele intelligentie. Die brengt ons bij onze innerlijke kracht. Wanneer we vanuit onze innerlijke kracht een zekere controle uitoefenen, wanneer we waarnemen wat er oprijst en vanuit onze diepste inspiratie handelen, zijn we meer in staat vanuit onze ware motivatie te leven. Zonder deze diepe self-awareness zijn we gebonden aan ons ego en handelen we vanuit emoties en patroonmatige motivaties. We zijn feitelijk blind en niet verbonden met ons innerlijk leven. Daardoor zijn we gemakkelijk af te leiden van de werkelijke doelen in het leven.

De eerste stap op weg naar self-awareness is lichaamsgewaarzijn ontwikkelen. Ons lichaam is het anker in het nu. Wanneer we ons lichaam gewaar zijn, kunnen we de leegte ontdekken, in ons hart komen en onze levensmissie herinneren.

Een praktische aanpak om lichaamsgewaarzijn te ontwikkelen is een dagelijkse meditatie of reflectieoefening of deelname aan een dialoog. Bovenal dienen we echter bereid te zijn onze eigen 'ongemakzone' te onderzoeken, onze hinderlijke en belemmerende overtuigingen ter discussie te stellen, de tijd en ruimte te nemen om naar onszelf te luisteren. Neem momenten in de dag op voor een meditatief moment, of houd van tijd tot tijd een retraite, reflecteer aan het eind van de dag op de gebeurtenissen die hebben plaatsgevonden en jouw reacties daarop. Stel jezelf daarbij de vraag 'Wanneer was ik het meest authentiek?' Of doe de self-awareness-check:

- Heb ik veel gevoel van een innerlijk leven?
- Reflecteer ik aan het eind van de dag op de gebeurtenissen en ervaringen van die dag?
- Heb ik een gevoel van een diepere aanwezigheid in mij ?
- Voel ik me comfortabel met stilte?
- Kan ik de oncomfortabele waarheid over mezelf accepteren?

Dit soort oefeningen hoort bij een ander soort leren, een leerproces waarin we leren wie we zelf zijn. Het heet transformationeel leren en kent een exponentiële curve. Met transformationeel leren kunnen we onze effectiviteit verhogen en verbeteren.

Transformerend leren: een exponentiële leercurve

Is het mogelijk om, dank zij transformerend leren, in dagen meer te bereiken dan in weken of zelfs maanden op de traditionele manier? Het antwoord is een ondubbelzinnig 'ja'. Dat betekent nogal wat in een tijd waarin het steeds moeilijker wordt medewerkers voor langere tijd van de werkplek te halen. Het antwoord is alleen waar te maken wanneer we bij het leren de nadruk leggen op 'doorbraak' en 'transformatie', en niet zozeer op 'verbetering' of 'verandering'. Transformatie is een soort kwantumsprong, zoals de sprong van 'rups naar vlinder', een sprong naar een nieuwe dimensie.

Wat precies in het leerproces zorgt voor transformatie en dus voor een kwantumsprong? Als we daar meer inzicht in krijgen, kunnen we er bewuster mee omgaan voor onszelf en voor de leerprocessen van anderen. Onvermoede resultaten komen dan binnen ons bereik, met veel minder moeite. Hierna zal ik beschrijven wat een kwantumsprong mogelijk maakt.

De behoefte aan zingeving

Een van de belangrijkste eigenschappen van mensen in vergelijking met andere organismen is dat wij behoefte hebben aan zingeving, wij willen de dingen begrijpen.

Als we iets niet begrijpen, als iets niet past binnen ons referentiekader, kiezen we bijna automatisch voor twee soorten reacties. Of we verzetten ons, omdát we het niet begrijpen, of we geven ons over aan 'autoriteiten' in de hoop dat zij het wel begrijpen. In beide gevallen houden we op met 'leren'. Bij transformerend leren kiezen we voor een derde soort reactie: we maken ons referentiekader zelf tot onderwerp van het leerproces. Het doel wordt ons referentiekader zo uit te breiden of te transformeren dat we kunnen begrijpen wat we daarvoor niet konden begrijpen, dat we kunnen leren wat we daarvoor niet konden leren.

Transformerend leren vereist een veilige leeromgeving, omdat we ons referentiekader ter discussie stellen. Ons referentiekader geeft ons een gevoel van zekerheid, een gevoel van 'controle'. Wanneer we dat kader ter discussie stellen, ervaren we dat al vrij snel als bedreigend. Zo'n kader houdt namelijk verband met onze identiteit, met wie we denken te zijn. Daarom verdedigen we ons referentiekader met hand en tand. Typische verdedigingsmechanismen zijn: verzet, ontkenning, projectie en rationalisatie.

Ons referentiekader houdt chaos en instabiliteit buiten de deur, buiten onze geest. Daarom houden we liever vast aan een niet onderzocht geloof (verkregen van een autoriteit) dan ons in het onbekende te wagen, omdat we dan tenminste 'iets' hebben om ons aan vast te houden.

Maar wat is leren anders dan onbekend terrein betreden? In een wereld die zo snel verandert, kunnen we ons niet voor altijd verschuilen achter oude informatie. We zullen ons op een keer toch vragen (moeten) stellen en als we geen nieuwe antwoorden vinden en de oude voldoen niet meer, hebben we echt een probleem. Er is trouwens ook steeds minder om ons aan 'vast te houden'.

Wanneer onze oude zingeving wordt bedreigd, ervaren we een soort psychologische leegte en om een implosie te vermijden vullen we die bij voorkeur op met iets wat we al kennen of weer met informatie van een autoriteit. Meestal lijkt het geen alternatief die leegte te vullen met iets onbekends. Het leerproces draait dus vaak in cirkels. Voor een leider is het essentieel te weten hoe zo'n leerproces verloopt, het behoort tot de elementaire mensenkennis.

Effectieve leiders weten hoe volwassenen hebben geleerd te leren, zij weten dat volwassenen geneigd zijn vast te houden aan hun bekende referentiekaders. Zulke leiders kunnen een leerproces inzetten dat bijdraagt aan het zelfstandig verandervermogen van mensen. Transformerend leren is zo'n proces.

Effectiviteit betekent 'de juiste dingen doen'. Wanneer de context waarin we functioneren voortdurend verandert, verandert 'wat de juiste dingen zijn' ook voortdurend. Dat is zeer destabiliserend voor de meeste volwassenen die hun identiteit hebben verbonden aan 'weten wat juist is'. Die identiteit is meestal gevormd door een combinatie van straf en beloning, het beroemde conditionerende duo. Een autoriteit heeft verteld wat 'juist' is en nu komt er een andere autoriteit vertellen dat wat 'juist' was, nu 'onjuist' is. Het is normaal dat zoiets verzet oproept, of verwarring. Het is geen verzet tegen de boodschapper, maar verzet tegen een dreigende innerlijke verwarring en tegen mogelijk identiteitsverlies.

Willen we in een leerproces dit verzet omzeilen, dan is de enige mogelijkheid volwassenen te helpen hun eigen autoriteit te worden, hen te bevrijden van hun staat van afhankelijkheid. Dat vereist een heel ander leren dan ze gewend zijn. Ze hebben het meeste van wat ze weten geleerd via 'instruerend leren', dat wil zeggen een autoriteit draagt kennis over. Dat soort leren is inhoudgericht. Wat ze nu nodig hebben is autoriteitsvrij, 'transformerend leren'. Dat soort leren is niet inhoudgericht maar contextgericht.

De kunst van het 'kwantumspringen'

Er zijn verschillende manieren om iets te leren. We noemden al het instruerend leren. We kunnen ook leren naar aanleiding van een ervaring, waardoor we tot een overtuiging komen, een geloof over de manier waarop de dingen in elkaar zitten. Hebben we geen inzicht in die ervaring, dan zullen we tot een wankele conclusie komen die ons niet zal helpen en die ons zelfs kan tegenwerken. Dat kunnen we moeilijk 'leren' noemen. Eigenlijk is het een vorm van ongewild 'dommer' worden. Echt leren dient dus inzicht te bevatten als kritieke ingrediënt. Inzicht komt van inzien, een vorm van zien. Het zien hebben we nodig om echt een doorbraak of een kwantumsprong te kunnen maken. Het denken verdedigt namelijk zijn eigen premissen. Het draait in rondjes. Daarom hebben we behoefte aan een andere faculteit dan denken: waarnemen (kijken, luisteren, aanvoelen). Dit is een essentieel onderdeel van transformerend leren.

Was het vroeger genoeg dat je zelf tot een nieuw inzicht kwam, nu gaat dat niet meer op. Tegenwoordig leven we in een wereld die meer en meer wordt bepaald door 'relaties'. Met andere woorden, we dienen 'samen te leren' hoe we met nieuwe werkelijkheden kunnen omgaan. Daarom dienen we samen de oude premissen te onderzoeken. De dialoog is daarvoor een uitstekend geschikt middel en daarom behoort ook de dialoog bij transformerend leren.

Managers begrijpen te weinig dat veranderingsprocessen voor volwassenen eigenlijk leerprocessen zijn. Evenmin zien ze in dat het vereiste leren geen kwestie is van inhoud maar van context! Omdat ze dat niet zien en niemand het hun vertelt, gaan ze vaak vrij onhandig om met veranderingsprocessen in organisaties. Ze raken gefrustreerd door de (normale) reacties van hun medewerkers op wat zij als managers doen. Soms twijfelen ze zelfs aan zichzelf. Inzicht dat veranderprocessen in feite leerprocessen zijn voorkomt deze frustratie.

Transformerend leren en paradigma's

Transformerend leren leidt op z'n minst tot een paradigmaverruiming (doorbraak) en in veel gevallen zelfs tot een paradigmavervanging (transformatie). Daarom stellen we bij transformerend leren als eerste de vraag: 'Hoe kijkt iemand naar de realiteit'? Wat is zijn referentiekader? Bij transformerend leren staat dat kader centraal.

Transformerend leren kunnen we dan ook nooit afdwingen. Iemand zal zelf bereid dienen te zijn het referentiekader te onderzoeken. We kunnen zijn vrije wil niet uitbreiden via kortsluiting. We kunnen niet door de ogen van een ander kijken. We kunnen niemand dwingen de dingen anders te zien, vooral niet in relatie tot zijn eigen zelfbeeld en wereldbeeld. Transformerend leren gaat via de vrije wil van de deelnemer en daarom kan hij beter zoveel mogelijk vrije wil hebben.

Mensen hebben trouwens minder vrije wil dan we denken. Ze zijn juist erg geconditioneerd. Transformerend leren is daarom ook 'bevrijdend leren'. En wat wordt bevrijd? Potentieel. Als we bij al onze medewerkers potentieel kunnen bevrijden, wat zou dat betekenen voor de resultaten? En voor het vermogen van de medewerkers om met nieuwe situaties om te gaan?

Totdat mensen hun bewustzijn hebben vergroot, is wat ze hun 'wil' noemen hoofdzakelijk een bundel emotionele energie die hen voortdrijft of juist afremt. 'Ik wil niet' betekent dan vaak iets als: 'ik ben bang' en 'ik ben boos'. Dat verklaart waarom transformerend leren vaak emoties bij mensen losmaakt, en dit is ook heel goed. Het is ook niet niks om je vertrouwde referentiekader los te laten. Het is belangrijk dat een begeleider goed met deze emoties weet om te gaan.

Wat we geloven (de som van onze paradigma's), bepaalt wat we kúnnen zien. Om iets anders te kunnen zien dienen we dus eerst te kijken naar wat we geloven. Wat we geloven maakt ons 'functioneel blind' voor wat buiten ons referentiekader valt. Stephen Covey noemt ons referentiekader dan ook 'de vervormende lens'. We neigen ernaar wat we waarnemen meteen te toetsen aan wat we geloven en we neigen ernaar te diskwalificeren wat ons geloof tegenspreekt. We houden dan op met kijken en luisteren. We gaan in de verdediging. Hoe kunnen we echter leren – iets wat een staat van openheid vraagt – wanneer we in verzet zijn? Dat kan dus niet.

Doordat we bij transformerend leren eerst nagaan wat we geloven, krijgen we als het ware een nieuwe bril. Daardoor kunnen we dingen zien die we daarvoor niet konden zien. Dit soort leren verhoogt onze leercapaciteit in nieuwe omstandigheden. Wat zou dat betekenen voor ons vermogen om met veranderingen om te gaan?

Overtuigingen opslaan

Niet alles wat we 'geloven' hebben we verbaal gecodeerd in ons systeem. Bepaalde overtuigingen kunnen ook samenhangen met de gevoelswaarde van een ervaring die we hebben meegemaakt, zelfs al is er geen expliciete overtuiging in vervat. Ons onderbewuste heeft zo zijn eigen manier om dingen bij te houden wanneer het om emotionele impact gaat. Ook zulke onbewuste aannames, ingeprent door een emotionele ervaring, beïnvloeden ons leren. Zulke aannames ontstaan onder andere door de neiging van het onderbewuste ervaringen algemeen te maken. Eén keer bedrogen, altijd wantrouwig, dat soort zaken. Helaas hebben we geen bewuste toegang tot ons onderbewuste zodat het moeilijk is die 'code' te veranderen. Dat verklaart waarom mensen veel zaken doen zonder dat ze kunnen uitleggen waarom.

Natuurlijk zijn er ook andere vormen van 'taal' dan woorden alleen – dansen, muziek, dromen, symbolen – die invloed hebben op onze onbewuste aannames.

Net zoals aannames niet alleen via ons denken ontstaan, net zomin leren we alleen via ons verstand. We leren ook via onze 'ziel' (ons wezen). De ziel, onze essentie, is de plek waar we met alles verbonden zijn, de interface waar innerlijke en uiterlijke wereld samenvloeien.

Niet de leerstof, maar de mens die leert

De voornaamste capaciteit die wordt ontwikkeld bij transformerend leren is zelfobservatie. Mensen leren naar zichzelf te kijken, ze leren hun referentiekader (context) te onderzoeken. Niet alleen de context van de deelnemer zelf is echter belangrijk, ook zijn omgeving speelt een belangrijke rol. Uiteindelijk dient iemand wat hij heeft geleerd, in zijn dagelijkse werkomgeving toe te passen. Tot die omgeving horen allerlei variabelen, zoals de stijl van leiderschap, de beschikbare hulpmiddelen, maar ook de bedrijfscultuur. Komen mensen na een training terug in een cultuur die het geleerde niet ondersteunt, dan is de hele investering in opleiding weggegooid geld. Daarom is het een absolute prioriteit een bedrijfscultuur te scheppen die het leren bevordert. Zo'n cultuur gaat ervan uit dat veranderprocessen in feite leerprocessen zijn, en dat echte veranderingen alleen plaatsvinden als we bereid zijn onze paradigma's ter discussie te stellen.

Bij Nieuwe Dimensies hebben we het dan ook over performance improvement, en niet over training en opleiding. Daarin zit besloten dat ook de omgeving meetelt.

Bewust leren

Iets uit het hoofd leren of leren door herhaling zijn vormen van 'mechanisch leren'. Mechanisch leren sluit aan bij het verleden. Bij transformerend leren daarentegen worden totaal nieuwe categorieën gecreëerd, waardoor het dus nooit 'mechanisch' kan zijn. Het leren gebeurt NU en is gekoppeld aan bewustzijn. We kunnen ons niet bewust worden van belemmerende denkpatronen als we niet 'bewustzijn' bij het leerproces betrekken. Logisch? Transformerend leren bevrijdt ons van conditioneringen en opent zo de deur naar bewuste keuzes. Is dat niet wat we willen van onze medewerkers, dat ze bewuste keuzes maken? Dat ze zich bewust committeren? Dat ze verantwoordelijkheid nemen? Transformerend leren is een proces waarbij we de zinsnede 'ik heb het altijd zo gedaan' bewust onderzoeken. Dat impliceert niet alleen dat we ons bewust worden van de bron van onze overtuigingen en gezichtspunten, maar ook dat we een kritisch onderzoek doen naar hun validiteit.

Bij transformerend leren kijken we naar zaken die we anders constant over het hoofd zien, namelijk onze denkgewoontes en hun oorsprong. We streven ernaar dat referentiekader van ons meer inclusief (minder defensief) te maken, meer open voor verandering, meer onderscheidend en meer reflecterend, zodat we systematisch betere keuzes kunnen maken die tot meer effectieve acties en een beter leven leiden.

Kritisch onderzoek van onze eigen denkgewoontes vereist dat we bereid zijn te luisteren naar andere gezichtspunten en dat we niet alleen die van onszelf verdedigen. Daardoor leidt transformerend leren tot een betere dialoog in relaties in het algemeen en werkgemeenschappen in het bijzonder. Het leidt ertoe dat we keuzes maken op grond van bewust aangenomen waarden in plaats van op onkritisch geassimileerde informatie uit ons verleden. Het brengt ons steeds dichter bij doelgericht en doelbewust handelen in plaats van mechanisch handelen.

Instrumenteel leren versus communicatief leren

Jürgen Habermas, een Duitse filosoof van de 'Frankfurter school', onderscheidt twee soorten leren, afhankelijk van de vraag waar het leren op gericht is. Het 'instrumenteel leren' is erop gericht beter om te gaan met situaties en taken en 'communicatief leren' is erop gericht beter om te gaan met andere mensen. Dit zijn twee zeer verschillende leerprocessen, maar wij hebben de neiging slechts één manier toe te passen, namelijk het 'instrumenteel leren'. Dat verklaart waarom wij andere mensen vaak behandelen als 'objecten' in plaats van als mensen met emoties en gevoelens en een eigen context.

Communicatief leren is erop gericht een ander mens beter te begrijpen, zodat je bijvoorbeeld effectiever kunt samenwerken. Daarbij horen zaken als waarden en normen, doelen en dromen, gevoelens en intenties. Bij communicatief leren zijn we bereid samen te kijken naar de aannames die achter of onder onze gedachten en daden liggen. Dat is exact hetzelfde wat kwantumfysicus David Bohm beoogt wanneer hij erop aandringt mensen te trainen in het voeren van reflectieve dialogen. Bohm stelt:

'In de kwantumfysica wordt duidelijk dat de materiële wereld, de expliciete orde, verschijnt uit het bewustzijn, de impliciete orde, en wel via het denken. Als je een andere wereld wilt, dien je dus te onderzoeken hoe je samen deze wereld tot stand "denkt". Het medium om dat te doen is dialoog.'

Gevraagd naar de kern van zijn werk in één zin, zei Habermas:

> *'Ik denk dat een zekere vorm van niet gestructureerde communicatie de diepste kracht van de rede bevrijdt, waardoor we in staat zijn egocentrische en etnocentrische standpunten te overstijgen en onze denkwereld wezenlijk te verruimen.'*

Dialoog beantwoordt aan dat criterium: het is ongestructureerde communicatie die niet uit is op overtuigen maar op het onderzoeken van aannames, op beter begrijpen van wat we doen en waarom, op bewustwording. Ongestructureerde communicatie is de enige communicatie die vrij is van de oude structuren! Dialoog is dan ook een vitale werkvorm van transformerend leren. Via dialoog kunnen wij een cultuur veranderen, kunnen we collectieve vooroordelen uit de weg ruimen, kunnen we collectieve overtuigingen en verouderde waardesystemen transformeren.

Meer over dialoog

Als we het over 'dialoog' hebben, bedoelen we in deze context 'reflectieve conversatie'. De bedoeling van een reflectieve dialoog is collectieve aannames te onderzoeken, zodat we samen in staat zijn een nieuwe realiteit te scheppen. Het is een vorm van 'samen denken', iets wat we op school meestal niet leren, maar wat meer dan ooit nodig is.

Deelnemen aan een dialoog veronderstelt een zekere rijpheid, door Daniel Goleman EQ gedoopt. Het vereist openheid, bereidheid naar de ander te luisteren en samen met de ander te denken. Onze cultuur is echter meer gericht op confrontatie, discussie en debat. We denken niet met elkaar maar tegen elkaar. We onderzoeken minder dan we verdedigen. In een wereld die dramatisch snel verandert, is verdediging van de oude stellingen echter niet de slimste weg.

Dialoog past in deze tijd, omdat we een cultuur willen van consensus waarin veranderingen echt worden gedragen. Moderne leiders kunnen in feite niet zonder dialoog. Toch weten maar zeer weinig mensen hoe je een dialoog voert. Dialoog streeft niet naar het overtuigen van de medewerkers om ons te volgen, maar richt zich op het samen scheppen van een nieuwe werkelijkheid. Bij een dialoog laten we totaal andere standpunten toe dan die van onszelf, wat het speelveld enorm verruimt.

De basisregel van het dialoogproces is het tijdelijk opschorten van 'oordeel', wat door de Griekse sceptici *epoche* werd genoemd. Noord-Amerikaanse indianen noemen de dialoog 'echt met elkaar praten'. Een organisatiecultuur waarin de dialoog wordt gevoerd, heeft lichtjaren voorsprong op leiderschap 'oude stijl'.

Dialoog is dan ook de centrale leerstijl bij transformerend leren. Een van de merkwaardige ontwikkelingen die plaatsvinden bij deelnemers van een echte dialoog is dat zij hun 'eigen stem' vinden. Ze spreken steeds meer vanuit authenticiteit en persoonlijke kracht. Het laatste boek van Stephen Covey, *De achtste eigenschap*, gaat daarover. Het geheim van de kracht van dialoog is: totale acceptatie van de deelnemers zodat ze achter hun verdedigingslijnen vandaan komen.

Referentiekader, context en zingeving

Een referentiekader is een 'zingevingstructuur', een stel aannames waardoor we ervaringen filteren zodat we ze kunnen integreren zonder dat ze ons hele leven overhoop gooien. Een referentiekader bevat cognitieve, affectieve en intentionele elementen. Het is de context die helpt bepalen wat wij van de instromende informatie houden, weggooien, onderdrukken, wijzigen of bevechten.

Referentiekaders ontstaan uit ervaring en helpen nieuwe ervaringen vormgeven. Je zou haast denken dat ze deel uitmaken van ons arsenaal aan overlevingsinstrumenten. Dat geldt vooral voor de affectieve dimensie van onze referentiekaders. Veel van de overtuigingen over onszelf (zelfbeeld) stammen uit het gevoel dat we in bepaalde omstandigheden hebben ervaren. Deze 'nonverbale conclusies' over onszelf liggen buiten ons bewustzijnsveld, maar ze hebben wel een grote invloed op ons denken en handelen.

Een ander soort 'conclusies' die buiten onze bewuste wil vallen, zijn de elementen die we onbewust hebben geassimileerd uit de cultuur en natuurlijk de familiale omgeving waarin we zijn opgegroeid.

Denkgewoontes en gezichtspunten

Een referentiekader heeft twee dimensies: een stel denkgewoontes en de daaruit resulterende gezichtspunten. Denkgewoontes zijn een reeks aannames over de werkelijkheid die we als 'standaard' gebruiken in onze mentale software. Zij komen voort uit allerlei bronnen:

- ideologieën, sociale normen, maatschappelijke gebruiken;
- morele normen, geweten;
- leerstijlen, persoonlijkheidstype;
- levensfilosofie;
- zelfbeeld, inhibities en obsessies, dromen en fantasieën;
- waarden, voorkeuren, esthetische normen.

Voorbeelden van denkgewoontes zijn de neiging progressief of conservatief te denken, introverte of extroverte reacties, linker- of rechter hersenhelftdenken, freudiaans of jungiaans naar gedrag kijken, analytisch of intuïtief denken, focus op problemen of mogelijkheden, slachtofferschap of proactiviteit, angst voor verandering of avontuurlijke geest, denken in traditionele rolpatronen of niet, oosterse of westerse spiritualiteit, et cetera.

Denkgewoontes worden zichtbaar als gezichtspunten, instant beschikbare interpretaties van gebeurtenissen. We hoeven niet na te denken om tot een conclusie te komen. We hebben meteen een oordeel klaar over wat we ervaren. Zo'n oordeel is uit de aard der zaak reactief en eigenlijk geen letterlijk 'gezichtspunt'. Bij transformerend leren daarentegen komen we van een reactief gezichtspunt (interpretatie, instantoordeel op basis van filters) naar een bewust gezichtspunt, een punt van waar we echt kunnen kijken. Het verschil tussen een reactief gezichtspunt (oordeel) en een echt, letterlijk gezichtspunt (een punt van waar we kijken) zit 'm in de emotionele factor. Een reactief gezichtspunt wordt gekleurd door emoties. Emoties leiden tot projectie, ontkenning, rationalisatie en andere blindmakende mechanismen.

'Ze hebben ogen en ze zien niet, oren en ze horen niet.'
MARCUS 8:18

Een reactief gezichtspunt is in wezen arbitrair. Eigenlijk valt er niet mee te 'redeneren', en dat verklaart waarom er zovele vruchteloze discussies tussen mensen plaatsvinden.

Wanneer we veranderingsprojecten niet zien als leerprocessen, krijgen we met dat soort reactieve gezichtspunten te maken. Daar valt niet mee te redeneren en daar kun je behoorlijk moe van worden. De kunst bij veranderprocessen die we wel als leerprocessen behandelen, is dus het vermogen mensen te leren kijken, zodat ze kunnen zien in plaats van projecteren, ontkennen, rationaliseren.

Reactieve gezichtspunten zijn emotioneel geladen en worden verdedigd. Ze zijn de standaard waarmee we andere gezichtspunten beoordelen en accepteren of verwerpen. Ze verhinderen echter dialoog. Dialoog is namelijk alleen mogelijk als we tijdelijk onze denkgewoontes, ons referentiekader, buitenspel zetten. Omdat we in een dialoog anders kijken, is er zoveel mogelijk binnen een echte dialoog, wat daarbuiten onmogelijk is. Daarom is dialoog transformerend. Transformatie betekent dat iets wat in de vorige staat onmogelijk was, nu wel mogelijk is. Zoals een vlinder die kan vliegen en de rups niet. Dialoog maakt het onmogelijke mogelijk. Het brengt vlinders voort. Waarom zouden we in een discussie vechten met de rupsen? Wat een energieverspilling!

Transformaties

Leren gebeurt op vier manieren: door bestaande referentiekaders uit te breiden, door nieuwe referentiekaders te leren, door gezichtspunten te transformeren en door denkgewoontes te transformeren. Transformatie betekent altijd dat we onze zingevingstructuren, onze 'stabiele handvatten' omvormen. Daarna kunnen we de wereld anders 'zien'. Dat is heel belangrijk, wanneer we ons realiseren dat we krijgen wat we zien. We kunnen niet meer terug na zo'n 'wedergeboorte'. De vlinder kan niet weer rups worden. Transformatie betekent dus altijd dat we een oud 'geloof', een oude 'aanname' opgeven, of die nu verbaal (cognitief) is of non-verbaal (affectief).

Eigenlijk is ons hele denken gebouwd op aannames! Wanneer aannames veranderen, verandert ook het denken en daardoor het handelen. Wanneer we één aanname veranderen, kan dat honderden veranderingen in ons leven tot gevolg hebben. Dat verklaart waarom transformerend leren exponentieel leren is: je kunt in dagen bereiken wat je anders in maanden niet zou kunnen.

Stephen Brookfield onderscheidt in *Becoming a Critically Reflective Teacher* (Jossey-Bass, San Francisco 1995) drie soorten aannames die een groot verschil kunnen maken als we ze bewust gaan onderzoeken:

- paradigmatische aannames: delen de wereld op in fundamentele categorieën;
- voorschrijvende aannames: schrijven voor hoe we denken, voelen en handelen in een gegeven situatie;
- causale aannames: verklaren voor ons hoe de dingen worden veroorzaakt.

Een voorbeeld van een paradigmatische aanname is dat we lichamen zijn (versus bijvoorbeeld de aanname dat we geestelijke wezens zijn in een lichaam). Een voorbeeld van een voorschrijvende aanname is te denken dat we niet gelukkig mogen zijn als iemand in onze naaste kring ellende heeft. Een voorbeeld van een causale aanname (die de meeste mensen geloven) is dat emoties veroorzaakt worden door externe factoren. Telkens wanneer we zo'n assumptie opgeven, verandert een hele rits factoren in ons leven. Dat bedoelen we met transformatie, met exponentieel leren. Zo'n transformatie geschiedt vaak plotseling en is onomkeerbaar. Onze verbeelding speelt een hoofdrol bij het verwerven van een nieuw gezichtspunt. Voor we een ander gezichtspunt kunnen aannemen, dienen we ons dat wel te kunnen voorstellen. Zo'n nieuw beeld kan ontstaan door naar meer verschillende standpunten te luisteren. Dialoog is dan ook een krachtig creatief proces. In een dialoog 'proberen we een nieuw gezichtspunt uit' en 'voelen hoe dat voelt'. Dit proces kan niet op gang komen zolang we vasthouden aan een oude denkgewoonte. We dienen dus echt bereid te zijn naar iets te kijken met een schone lei.

Traditioneel leren doet een beroep op het geheugen (verleden) en minder op de verbeelding (nu, mogelijke toekomsten). Transformerend leren doet een beroep op de fantasie, op verbeeldingskracht. Wat hebben we in deze wereld meer nodig? Wat hebben we aan een geheugen met kennis die irrelevant geworden is?

Zien is niet genoeg

Iets met nieuwe ogen zien is een begin, maar op zichzelf is dat niet genoeg. We dienen ook bereid te zijn naar het nieuwe gezichtspunt te leven. Dan speelt de context een belangrijke rol. Komen we thuis of op het werk met een nieuw gezichtspunt, maar redeneert de omgeving nog vanuit een ander paradigma, dan is de kans groot dat we de strijd opgeven en weer in lijn gaan lopen. Om ervoor

KEES VAN ZIJTVELD

te zorgen dat we wel naar dat nieuwe gezichtspunt leven, is dan ook een systeemaanpak nodig. Een aanpak waarbij we naar alle factoren kijken die het nieuwe gedrag steunen of blokkeren. Daar horen dus ook omgevingsfactoren bij, zoals managers en het heersende beloningsysteem.

Hoe leren volwassenen?

Wij hebben steeds meer behoefte aan democratische processen in onze organisaties, maar dat kan alleen met volwassenen die voldoende inzicht hebben in de zaken waar ze over meedenken en mee beslissen. Het oude citaat 'Inspraak zonder inzicht is uitspraak zonder uitzicht' is nog steeds van kracht. Daarom zullen managers hun medewerkers dienen te helpen meer 'volwassen' te worden. Dit betekent vooral dat ze 'emotioneel opgroeien'*. En dat vereist transformerend leren.

Een leertheorie voor volwassenen dient met twee kernpunten rekening te houden:

1 De volwassen 'student' dient zelfobservatie te leren zodat hij zijn denkprocessen kan observeren, zoniet, dan blijven de oude denkgewoontes de baas.
2 Volwassenen hebben een zeer ondersteunende omgeving nodig (inclusief voldoende vrijheid om nieuw gedrag uit te proberen).

Transformerend leren heeft dus een bewustzijnskant en een relatiekant. Deze twee factoren ontstaan alleen bij

---

* Een sociologische studie schatte de gemiddelde emotionele leeftijd in Nederlandse bedrijven rond de 14 jaar.

voldoende 'verlicht leiderschap' in een organisatie. Met 'verlichte leiders' bedoel ik leiders die tot zelfobservatie in staat zijn en open staan voor dialoog. We kunnen mensen niet als kinderen behandelen en hopen dat ze als volwassenen zullen reageren.

Transformaties in mensen zijn een soort wedergeboorte. Alles wat nodig is voor een fysieke geboorte, is ook nodig voor een 'wedergeboorte': veiligheid, een 'vroedvrouw', opvang bij crisis, emotionele steun. En dit is een terugkerend proces, want het menselijke zelf wordt geschapen en herschapen door opeenvolgende transformaties.

Groeien we tijdens onze kinderjaren 'vanzelf' (fysiek, mentaal en in zekere mate emotioneel), in ons volwassen leven ligt dat anders. Dan groeien we meestal via bewuste leerprocessen óf via plotse inzichten opgeroepen door intense ervaringen. De kritieke factor in het leerproces van volwassenen is dan ook bewustzijn. Zonder deze factor blijven onze denkgewoontes, die jarenlang zijn versterkt, de bovenhand hebben, evenals de collectieve conditioneringen. We groeien als volwassene dan ook nauwelijks als we niet in staat zijn tot kritische zelfreflectie. Wat de collectieve patronen betreft kunnen we niet zonder reflectieve dialoog.

Vrij van zelfbeperking en sociale keurslijven

Willen we het leerproces van volwassenen bevorderen, dan dienen we een gestructureerde inspanning te leveren waarbij we de lerende volwassene helpen beter inzicht te krijgen in de manier waarop hij functioneert in relatie tot zichzelf en zijn omgeving. Met dat inzicht kan hij kiezen uit nieuwe opties die leiden tot meer effectiviteit en een beter leven. Centraal in het leerproces is de ontwikkeling van kritische zelfreflectie, individueel en als groep. Onderwijs aan volwassenen is letterlijk een vorm van 'educatie', 'naar buiten leiden'. Waaruit? Uit de oude denkgewoontes die niet langer effectief zijn*. De essentie is mensen meer autonoom te maken, minder afhankelijk.

Er wordt veel gepraat over *empowerment*, meestal wordt dat opgevat als mensen laten delen in de macht. Dat betekent het echter niet. Echt empowerment betekent dat we mensen in hun eigen kracht brengen. Merkwaardig genoeg is dat geen louter individuele kwestie. Wij definiëren wie wij zijn in relatie tot anderen. Wij bestaan altijd als deel van een groter geheel en we kunnen alleen onze ware kracht vinden als we zien, bevestigen en leven dat we alleen bestaan 'in relatie'. In de context van relaties worden we wie we zijn. We kunnen dus ook alleen in de context van relaties ons 'zelf' het best herscheppen.

Wanneer we beperkende denkgewoontes loslaten houdt dat per definitie ook in dat we denkgewoontes loslaten die tot afzondering leiden. 'Autonomie' betekent niet onafhankelijkheid, want letterlijke onafhankelijkheid bestaat doodgewoon niet. Alles is met alles verbonden, of we dat nu zien of niet. 'Autonomie' betekent dat we bewust en uit vrije wil onze plek innemen in het

---

* Een concrete methode om dat te doen is de Optiemethode®, ontwikkeld door Bruce di Marsico en beschikbaar bij Nieuwe Dimensies. Het is een methode – gebaseerd op ondermeer dialoog – om mensen te helpen los te komen uit ongewenste condities en meer aandacht te richten op gewenste condities.

geheel der dingen in plaats van 'geleefd te worden' door patronen, verwachtingen van anderen, et cetera.

Willen we mensen autonoom maken, willen we meer empowerment, dan is transformerend leren onmisbaar. We kunnen mensen nu eenmaal niet dwingen tot meer vrije wil.

Flow en de kunst van het zakendoen
7 vitale inzichten voor topverkopers en topondernemers.

Jan Bommerez en Kees van Zijtveld

Wat zijn de onderdrukkers van Flow en hoe kom je daar weer vanaf? Hoe kom je af van zelfsabotage? Hoe kom je af van collectieve beperkende patronen uit het verleden of je omgeving? Hoe krijg je voeling met je nog niet ontgonnen potentieel?

Flow en de Kunst van het Zakendoen is een gids op die weg.

208 PAGINA'S • ISBN 90 77341 14 5

Kun je een rups leren vliegen

Jan Bommerez en Kees van Zijtveld

Als je gelooft dat de wereld plat is, dan zie je daar met je eigen ogen bevestiging van. Als vervolgens iemand zegt dat de wereld rond is, wordt zo iemand voor gek aangezien door de heersende meerderheid. Copernicus en Galileo Galilei kregen het nodige gerommel toen ze het bestaande paradigma uitdaagden.

Onze uitnodiging is dat je niets van wat we zeggen zomaar aanneemt, maar dat je het ook niet vooraf diskwalificeert. Onderzoek het. Kijk!

168 PAGINA'S • ISBN 90 805156 3 9

UITGEVERIJ NIEUWE DIMENSIES ► WAKKERENDIJK 62A, EEMNES
TELEFOON 035 538 3538 ► FAX 035 538 7347
UITGEVERIJ@NIEUWEDIMENSIES.NL
HTTP://UITGEVERIJ.NIEUWEDIMENSIES.NL